MW01709433

Fragile liberté

Ivone Gebara

FRAGILE LIBERTÉ

MÉDIASPAUL

Les Éditions Médiaspaul remercient le ministère du Patrimoine canadien, le Conseil des Arts du Canada et la Société de développement des entreprises culturelles (SODEC) pour leur Programme d'aide à l'édition.

Catalogage avant publication de Bibliothèque et Archives Canada

Gebara, Ivone

Fragile liberté

(Notre Temps; 59)
Comprend des réf. bibliogr.

ISBN 2-89420-631-3

1. Liberté — Aspect religieux — Christianisme. 2. Liberté. 3. Église et le monde. I. Titre. II. Collection: Notre temps (Médiaspaul (Firme); 59.

BT810.3.G43 2005 233'.7 C2005-940030-7

Composition et mise en page: *Médiaspaul*

Maquette de la couverture: *Studio SG*

ISBN 2-89420-631-3

Dépôt légal — 1er trimestre 2005
Bibliothèque nationale du Québec
Bibliothèque nationale du Canada

3965, boul. Henri-Bourassa Est
Montréal, QC, H1H 1L1 (Canada)
www.mediaspaul.qc.ca
mediaspaul@mediaspaul.qc.ca

Médiaspaul
48, rue du Four
75006 Paris (France)
distribution@mediaspaul.fr

Imprimé au Canada — Printed in Canada

PRÉFACE

Quelle énergie, quelle audace! Si vous êtes adeptes d'études théologiques ou philosophiques de type classique, vous sortirez de la lecture de ce volume avec le sentiment que l'auteure aime se promener sur les crêtes de précipices; un peu comme si le risque ne lui créait aucun vertige, aucune peur. Si vous redoutez les espaces sans balise, si vous craignez une théologie qui voit, qui entend et qui proteste, ne commencez pas la lecture de ce livre. Si vous osez le faire, vous serez pris par un étonnement qui se transformera bientôt en une sorte de fascination presque fébrile. Vous serez en train de découvrir, ou de redécouvrir, l'importance de la complexité de votre quotidien, de votre vie en mouvance continuelle et de votre expérience concrète du réel. Peu à peu, une disposition à scruter tous les présupposés sur lesquels reposait votre tranquillité d'esprit réveillera en vous le désir d'une nouvelle quête de liberté. Habituée à la terre boueuse de son quartier, Ivone Gebara vous rendra sensibles aux senteurs, aux bruits et aux scories que transportent des idéologies sociales et religieuses apparemment intouchables.

On collige habituellement la pensée d'Ivone Gebara autour de trois grands domaines de recherche: la théologie de la libération, la théologie féministe et l'écologie holistique. Or, je connais suffisamment Ivone pour affirmer qu'aucun de ces crédos ne réussit à satisfaire l'indéfinissable étendue de sa soif de vérité. Non pas qu'elle méprise les avancées déjà accomplies en ces disciplines porteuses d'espoir, mais elle aime les étudier, voire les affronter, honnêtement, courageusement, afin d'en extirper le meilleur, rejetant ce qui lui semble enfermer la liberté. Comme les pères de la théologie de la libération, l'auteure aspire à la libération collective de son peuple mais non sans interroger l'approche traditionnelle, encore trop souvent cantonnée à la seule analyse des classes. Elle travaille certes à l'émancipation des femmes mais sans exclure les hommes. Elle repense le féminisme à partir du paradigme écologique mais non sans remettre en cause certaines visions environnementales devenues franchement *anthropocentristes*. Bref, tout semble se passer comme si une clairvoyance prégnante et une sensibilité profondément marquée par la pauvreté et la misère se liguaient pour refuser à la chercheure la satisfaction tranquille d'évoluer à l'intérieur de cadres théoriques irrémédiablement établis.

C'est pourquoi vous travaillerez, vous jaugerez, vous vous questionnerez sans pour autant vous perdre dans le labyrinthe de l'abstraction pure. Car si, chez Ivone Gebara, il y a appréhension de la sagesse, elle ne lui arrive pas des corridors universitaires mais des rues malfamées de son quartier. Là où elle habite, dans la petite ville de Camaragibe, située au nord-est du Brésil, Ivone se demande ce qui fait que les gens survivent, ce qui fait que des mères épuisées se lèvent chaque matin pour prendre soin de leurs enfants, comment, à travers le vacarme et la saleté de leurs rues, elles arrivent à puiser des forces de vie dans d'humbles rencontres familières, dans les larmes et les rires de leurs enfants, dans le don de leur corps, dans l'énergie de leur lutte pour la survie, bref, dans ce quelque chose qui apaise l'angoisse et la souffrance et que l'on appelle le Sens. Comment ne pas comprendre la voisine, l'amie, la religieuse, la théologienne: une telle réalité non seulement sollicite mais exige une remise en cause complète des justifications qui maintiennent ces situations. D'autant plus qu'il se trouve, là comme ailleurs, de froids idéologues, dont l'aveuglement va jusqu'à refuser de reconnaître la beauté souterraine qui, envers et contre tout, se développe même dans de telles conditions de vie.

Vous sentirez combien le travail de déconstruction et de déstructuration auquel s'applique l'auteure la rend proche des femmes et des hommes simples, surtout celles/ceux qui, délaissés et sans moyen, dans une critique naïve, viscérale, juste, vont droit à l'essentiel; parce que la vie est en cause, parce qu'elles/ils n'en peuvent plus de voir souffrir leurs enfants. Il n'y a plus alors la paysanne ou le paysan et l'intellectuelle, il y a deux personnes envahies par une même lumière; celle qui les conduit à comprendre, ou plutôt à *prendre avec elles*, à *prendre en elles* l'existence, à son niveau le plus profond.

De quelle intelligence s'abreuve Ivone Gebara, de quelle foi s'inspire-t-elle? Empruntant l'expression de Maurice Bellet, je dirai que son «lieu véritable est hors classement». En effet, pour elle, la raison n'est pas l'instance théorique que vous concevez habituellement; la foi n'a rien à voir avec les croyances chrétiennes, l'espérance n'est pas une projection dans un au-delà inconnu, et la liberté «se réveille et s'endort» au gré d'une aventure pleine de contradictions. Assurément, la force de cette femme c'est d'accepter de se mouvoir dans la noirceur, de marcher dans les ténèbres, non pas qu'elle s'y complaise — on sent la souffrance —, mais par amour de la liberté. Il y a dans ce livre, comme dans le précédent, *Les eaux de mon puits*, quelque chose de la traversée au désert: les Hébreux recevaient juste assez de lumière pour avancer, mais ils ne contrôlaient pas la lampe qui les guidait. Cette lueur lui viendrait-elle de ce Dieu à propos duquel elle écrit: «dire que Dieu est liberté, c'est dire Dieu sans le dire»? Elle refuserait de répondre à cette question. Acceptons avec elle de laisser une place à l'incertitude, au soupçon. Elle affirmerait volontiers que refuser le doute, c'est fuir la liberté; c'est couper ce «fil fragile» qui se tisse à même l'étoffe de notre quotidienneté individuelle et collective.

Personnellement, le séjour d'Ivone au Québec m'a permis de rencontrer une femme extraordinaire, déjà entrée dans la liberté qu'elle cherche. Mais à l'entendre et à la lire, nous sommes gagnés par le sentiment que cette quête, quasi obsessionnelle il faut bien le dire, lui donne *froid dans le dos*. Empruntant les mots de Dostoïevski dans *Les frères Karamazov,* elle avoue qu'«il n'y a rien de plus insupportable que la liberté» et qu'à certains moments, elle a véritablement «mal à la liberté[1]». Effectivement, les temps sont durs; nous vivons une époque de froideur que nos quêtes d'humanité et de justice n'arrivent pas à réchauffer.

Et la théologie dans tout cela? Comme le redoutait Karl Rahner avant de mourir, ne risque-t-elle pas de se retrouver en hiver? En accord avec un collègue qui y a consacré sa vie, je crois que pour un moment dont on ignore absolument la durée, l'hiver «sera sa nouvelle demeure, et sous peine d'être encore et toujours en porte-à-faux sur l'expérience de son époque et de ne parler aux hommes [et aux femmes] qu'à partir d'un monde qu'elle sera seule à habiter, elle n'aura d'autre choix, du moins pour un temps, que de se taire et d'écouter, afin d'entendre vraiment ce qui dans cette culture cherche à se dire. Alors seulement pourra-t-elle accueillir les questions qui méritent d'être habitées[2].» Ivone, à sa façon, ne dit pas autre chose.

Ce livre est le fruit d'un cours offert dans le cadre de l'ouverture du Centre de théologie et d'éthique contextuelles de la faculté de théologie et de sciences des religions de l'Université de Montréal, à une trentaine d'étudiantes et d'étudiants. Fasciné, parfois troublé, par la pensée de cette philosophe et théologienne féministe, et pour la circonstance, excellente pédagogue, le groupe l'a suivie dans son exploration du thème *La liberté au quotidien. Naissance d'une nouvelle éthique*. Positionnant continuellement sa réflexion dans les limites de son propre contexte, tout en s'expliquant sur les multiples ramifications des théologies et des éthiques contextuelles (chapitre 1), elle emprunte les chemins de la philosophie, pour inviter à «penser sa vie» de façon à sentir et entendre, ici et là, les «odeurs» et les «sons» de la liberté (chapitre 2); elle présente les conditions d'une liberté où l'étranger, celle/celui d'une autre culture que la nôtre, ne serait pas vu comme «un divertissement» ou «une source de profit» mais comme un être humain, unique et original (chapitre 3); elle explore et réinterprète les déclinaisons de la liberté au masculin et au féminin (chapitre 4); elle démystifie les liens trop faciles que d'aucuns sont tentés de faire entre la passion de la liberté et le risque de la mort (chapitre 5); elle repense théologiquement le rapport religion/liberté en plongeant en deçà des prescriptions de la foi chrétienne pour retrouver la transcendance là où elle s'infiltre subrepticement, dans la quotidienneté de chaque vie (chapitre 6); et en dernier lieu, autour du texte de la tentation de Jésus au désert, elle dénonce la confiscation du mot liberté par ceux qui, comme Satan, se considèrent comme les maîtres du monde (chapitre 7), un Satan qui est aussi une dimension de chacun/chacune de nous.

Participant à l'élaboration d'une nouvelle intelligence de la théologie par une critique des fondements mêmes du christianisme, vous lirez une chercheure qui déconstruit certes, mais également, propose des alternatives pour un renouvellement des voies traditionnelles de réflexion et d'action. En fait, par cet ouvrage, l'éditeur vous offre la chance d'un rendez-vous avec une femme d'une qualité exceptionnelle, qui arrime le courage d'une impressionnante lucidité à une folle espérance. Portée par le désir d'un salut qui soulage, ici et maintenant, la misère qui l'entoure, l'auteure considère l'entrée de Dieu dans la chair, dans sa chair, comme quelque chose d'extrêmement sérieux.

Si, comme le dit René Habachi, espérer c'est veiller au bord de l'impossible, Ivone Gebara représente pour moi une icône vivante de cette espérance.

Lise Baroni
Montréal, le 3 septembre 2004

Notes

[1] Dans *Les eaux de mon puits*, Éditions Mols, 2003, p. 130.

[2] Extrait de la conférence prononcée par Jean-Claude PETIT, le 11 mars 2004, à l'occasion du colloque *Les lieux de la théologie aujourd'hui*, organisé par la Faculté de théologie et de sciences des religions de l'Université de Montréal. La conférence s'intitulait «Quel avenir pour la théologie?»

INTRODUCTION

Ce recueil est le fruit d'une réflexion sur la question de la liberté à partir d'un cours donné à l'Université de Montréal en septembre 2003, d'où le style oral qui a souvent été maintenu.

Le texte qui est devenu le premier chapitre du présent ouvrage, intitulé «Voies pour des théologies et des éthiques contextuelles», n'est pas directement orienté vers la question de la liberté, mais, en un sens, la prépare. La réflexion sur ce sujet permet de penser la liberté et la possibilité de la vivre à partir d'expériences contextuelles, personnelles ou collectives. Ce texte a été rédigé en vue de la conférence d'ouverture pour le Colloque du rassemblement facultaire du 5 septembre 2003, un événement qui, chaque année, à la même période, ouvre la session universitaire à la faculté de théologie. Il se situe également dans le contexte particulier du lancement d'un groupe d'étude sur les théologies et les éthiques contextuelles par des professeurs de la même université.

Les questions autour de la liberté, abordées dans les autres chapitres de cet ouvrage, ont fait l'objet d'un cours à la même faculté. J'ai essayé de développer divers aspects de la liberté à partir du contexte brésilien qui est le mien et des défis qui nous sont lancés aujourd'hui, à nous femmes et hommes de différentes parties du monde en quête de liberté. J'ai travaillé cette question en rapport avec l'actualité, pour en montrer la diversité d'approches et la complexité.

La méthode utilisée lors des cours m'a permis d'enrichir mon texte de base. À la suite d'une conférence que je donnais sur le thème du jour, une personne de la faculté de théologie ou d'ailleurs, spécialement invitée à titre de répondante, réagissait à mes propos. Puis, les étudiantes et étudiants entraient dans le débat qui, fort enrichissant, m'a permis d'ajouter des aspects différents et même nouveaux à ma réflexion initiale. Quelques mois plus tard, j'ai repris mon texte et les notes prises lors des discussions, en ajoutant de nouveaux aspects et réflexions en vue de la présente publication. Cependant, les personnes qui, parmi les lectrices et lecteurs, ont suivi mes cours retrouveront l'essentiel de nos échanges avec, en plus, les réflexions que nos discussions m'ont permis de développer plus tard avec un certain recul. Je me rends compte que l'ouvrage demeure inachevé, puisqu'il doit encore s'enrichir dans le débat qu'il provoquera chez les lectrices et lecteurs qui essayeront de le discuter et de l'ajuster à leurs propres expériences et contextes. Il s'agit donc, en un sens, d'une production collective, même si c'est moi qui en ai fait la synthèse. J'espère que les étudiantes et étudiants ainsi que les autres personnes qui ont participé au cours pourront y reconnaître leurs questionnements et leurs apports et poursuivre ainsi leur réflexion personnelle.

Cet ouvrage voudrait aussi nous inviter, vous et moi, à entreprendre une lecture critique, personnelle et collective, de notre monde, une tâche urgente qui nous est confiée: repenser aujourd'hui l'être humain et les valeurs qui donnent un sens à sa vie. Penser, c'est une tâche difficile! De nouveaux pouvoirs et de nouvelles fragilités caractérisent notre époque. Nous avons autant de pouvoirs que de fragilités. Nous avons autant de libertés que d'esclavages. C'est de nos prises de position claires en faveur de l'humain que dépend l'avenir de l'humanité et même sa survie. Plus que jamais, nous sommes habités par des incertitudes. Et la tâche de penser notre présent, pour aujourd'hui et pour demain, est aussi, d'une certaine façon, celle de vivre et d'inviter à vivre une liberté possible. Tout ceci est à l'ordre du jour et relève de notre responsabilité.

Je remercie de façon particulière la professeure Lise Baroni de m'avoir invitée à l'Université de Montréal et les Éditions Médiaspaul d'avoir suscité la publication de ces réflexions. Le travail éditorial, la lecture attentive de mes textes ainsi que les suggestions de retouches m'ont permis de clarifier encore davantage ma pensée, rendant ainsi la lecture plus facile, surtout pour le public qui n'a pas suivi mes cours.

Merci et bonne lecture à toutes et à tous.

Ivone Gebara
Camaragibe (Brésil), le 4 août 2004.

1

VOIES POUR DES THÉOLOGIES ET DES ÉTHIQUES CONTEXTUELLES

Un parcours pour comprendre le mot «contextuelles»

Je me suis attardée longtemps devant ce titre de conférence, avant de commencer à rédiger mon texte. Je devais le comprendre, le saisir selon mes propres repères. Le sens ou la direction de l'ensemble du titre lui vient, semble-t-il, du mot «contextuelles», au pluriel. Il semble que ce soit leur contextualité qui imprime aux voies de la théologie et de l'éthique leur direction. Et c'est bien à cause de cela qu'il nous faut comprendre ce que veut dire le terme «contextuel» tant au singulier qu'au pluriel.

C'est un mot à première vue d'une clarté éblouissante mais en réalité très complexe et, par conséquent, pas forcément clair. Sa complexité ne vient pas du sens même du mot, mais du vécu quotidien auquel il renvoie, et partant, de son usage par les différents groupes.

Certains usages du mot «contextuel», particulièrement à partir de l'univers théologique, tendent à l'opposer à «éternel», comme si, par le recours à ce mot, on introduisait quelque chose de nouveau et de positif dans la pensée théologique traditionnelle ainsi que dans l'éthique. Accolé aux substantifs «théologies» et «éthiques», l'adjectif «contextuelles» semble leur conférer un sens très particulier, comme s'il voulait les expliciter ou ajouter quelque chose à leur sens. Ne nous laissons cependant pas subjuguer par nos premières impressions. La réalité est complexe. Elle exige de cheminer lentement, par avancées et reculs, dans une recherche constante pour mieux comprendre ce qui est en question ici.

Je commence ma réflexion en identifiant ma pensée par le contexte particulier qui est le mien: je pense, je parle et j'écris à partir de ma situation propre. C'est ainsi que mon partage lui-même est d'abord contextuel. Je pense à partir de mon histoire personnelle, de mon milieu de vie, de mes options politiques, de la réalité féminine de mon corps avec ses merveilles et ses contraintes. Je pense à partir de mon pays, le Brésil, et de la région nord-est dans laquelle je vis, de mon histoire familiale liée à la Syrie et au Liban, de mes amitiés, de mes voyages, de mes lectures, de mes espoirs, de mes peurs, de mes angoisses et de mes rencontres multiples. Quand j'entreprends de partager ma pensée, je me présente déjà à partir de mon contexte personnel pluriel, des limites de mon existence en relation avec d'autres. Je commence déjà à exprimer le contextuel de l'existence dès que je m'affirme comme un «je». Peut-il y avoir d'autre commencement que ce commencement particulier, contextuel? Peut-on penser autrement qu'à partir de son contexte, même si cette pensée porte en elle le souci de l'humanité entière? Peut-on ignorer ce contexte, même si on prétend représenter la pensée universelle? Bien que je n'explicite pas toujours directement mon contexte personnel, il est là comme l'arrière-pensée de ma pensée, comme l'étoffe qui soutient ma réflexion, comme un point de vue sur une réalité.

Le terme «contextuel» vient du latin *contextus* qui signifie enchaînement d'idées, de situations, d'événements. Il suggère l'idée d'un ensemble de choses liées les unes aux autres. Il évoque aussi l'image du tissage: tresser des fils ensemble, composer, bâtir. Au sens propre, ce qui est contextuel c'est d'abord une ou des réalités vivantes, limitées par diverses contraintes spatiales et temporelles, qui sont interdépendantes: espace et temps des cultures, espace et temps historiques, espace et temps écologiques, espace et temps personnels et collectifs. Le contextuel fait particulièrement référence à des temps et à des lieux historiques précis. Et l'espace historique est l'espace social des gens, c'est-à-dire de personnes dont la classe sociale, les intérêts politiques, les rôles et comportements au sein de la société ainsi que les croyances influencent leur vie privée et sociale. Un espace social est un lieu de mouvement, de mutations et de changements. Et, encore une fois, un espace social est un espace contextuel.

Nous sommes «condamnés» au contextuel, c'est-à-dire que la contextualité est notre manière d'être au monde, notre unique façon humaine d'exister et d'être en relation avec notre monde. C'est à partir de cette contextualité fondamentale que nous nous ouvrons à toutes les expressions de ce qu'on appelle l'universel.

Le contextuel a quelque chose à voir aussi avec le genre. Le genre (féminin ou masculin) est compris ici dans l'ensemble des rapports culturels et des rapports de pouvoir entre femmes et hommes, qui se manifestent à tous les niveaux des relations humaines. Une telle compréhension dépasse la conception selon laquelle le genre serait produit par un certain déterminisme biologique, la nature ayant supposément établi d'avance des rôles propres au féminin et au masculin. Ce n'est pas la différence sexuelle qui est à l'origine des inégalités entre femmes et hommes, mais l'organisation culturelle, sociale et politique, construite autour de cette différence. Une telle manière de concevoir le genre, c'est-à-dire dans un rapport aux cultures et aux contextes, est nouvelle. La diversité des identités féminines et masculines suivant le contexte social peut ainsi se manifester, et on peut réfléchir sur elles. Généralement, on considère les rapports entre femmes et hommes comme étant fixés par la nature et se manifestant dans les diverses cultures. La nature humaine serait comme une sorte d'a priori anthropologique qui conditionnerait toutes les cultures malgré leurs différences. Selon cette conception, c'est la nature de l'homme et de la femme qui détermine leurs rôles sociaux. C'est alors à un donné de nature que le contextuel s'entremêle. On a souvent considéré les choses ainsi, mais de nos jours, les analyses anthropologiques féministes ont montré comment sa dimension contextuelle associe le genre à la culture qui nous façonne, marquant ainsi toute question dite de «nature» d'une plus grande complexité de relations et de contraintes. La réflexion philosophique contemporaine sur la nature humaine ne part plus d'une idée préétablie de l'être humain, mais de la vie que des femmes et des hommes reçoivent et créent, et à laquelle elles/ils donnent un sens. Il s'agit d'un processus qui façonne les générations depuis l'apparition de l'être humain. L'intégration de la problématique du genre à la question de la contextualité des relations élargit et complexifie la question anthropologique ainsi que celle des théologies et éthiques contextuelles.

Le mot «contextuel» renvoie pourtant à une ambiance particulière, à des problèmes précis, à un temps, à une histoire, à des rapports entre femmes et hommes et entre des groupes culturels déterminés ainsi qu'à différents types de relations. La contextualité est un ensemble de relations situées, liées par des fils de différentes couleurs et épaisseurs, qui tissent l'étoffe de notre existence. Dans ce sens, chacune/chacun de nous est à la fois soi-même et son contexte. Nous ne pouvons jamais échapper à cette réalité.

Ce qui est contextuel est à la fois *contenu* dans un espace et un temps eux-mêmes contextuels, et *relatif* à cet espace et à ce temps. Cet espace et ce temps déterminés peuvent sans doute recueillir des idées ou des comportements suggérés ou venus d'au-delà d'eux-mêmes, mais c'est le maintenant qui leur confère leur consistance propre.

L'application du terme «contextuel» à la théologie et à l'éthique est quelque chose de nouveau sur le plan de la réflexion, et c'est au XXe siècle particulièrement que cet usage s'est répandu[3]. C'est alors que la théologie, à l'exemple des sciences sociales, a commencé à situer les études bibliques et théologiques à l'intérieur de leur contexte de production. Ce qui était considéré auparavant comme Parole éternelle de Dieu devient une parole humaine située; ce qui était Théologie éternelle devient pensée située. Néanmoins, les théologiens ont maintenu quelque chose qui semblait dépasser le contextuel pour atteindre ce qu'on pourrait appeler l'universel, ou encore quelque chose de stable qui dépasserait les conditions mutables de l'histoire, de manière à pouvoir servir de fondement à la théologie. Cet universel était particulièrement reconnu et enseigné par une élite de théologiens, qui considéraient les autres sciences comme des servantes de la théologie. L'apogée de la systématisation de ce schème, qui a servi de base aux formulations dogmatiques ultérieures de l'Église catholique, se situe au Moyen Âge. La théologie se devait de toucher ultimement à l'immuable au sein de cette espèce d'étourdissante mobilité de toutes choses. Elle devait s'appuyer sur un savoir et un pouvoir sûrs, certains, vrais. Les concepts philosophiques d'«immuable», d'«être universel» et d'«être éternel» ont été identifiés au Dieu chrétien et à ses desseins sur le monde. Il y a eu une sorte de mariage conceptuel entre le Dieu garant des comportements éthiques pour le bien des plus pauvres, des opprimés et des victimes d'injustices, et le concept d'«être immuable». D'un côté, en lui-même, ce processus d'identification peut être considéré comme positif mais, d'un autre côté, dans l'histoire des rapports humains, il est potentiellement contradictoire. En effet, les pouvoirs politiques et religieux ont affublé ce même immuable et éternel d'une image historique que personne ne peut contester sous peine de la voir se changer en violence et fureur. C'est donc bien en son nom qu'on peut tuer ou donner la vie.

Alors, le même immuable, le même absolu, quand il est perçu dans l'histoire des hommes et des femmes situés et datés, devient lui-même contextuel tout en gardant des caractéristiques considérées comme absolues sur le plan conceptuel. C'est ainsi qu'est dévoilée l'existence du particulier et du contextuel au cœur même de l'universel. De même, cet immuable, ce Dieu principe de tout, a historiquement été conçu et représenté comme masculin. Nouvelle limite, nouvelle contradiction, puisque cette particularisation de l'universel sous la figure du masculin a entraîné la soumission du féminin à la volonté du masculin qui, dans ce cas, se considérait comme le représentant privilégié de Dieu. Dans cette perspective, le féminin ne représente pas l'universel, ce qui montre bien la limite de ce type de représentation de l'universel. On n'a compris cela que récemment et j'ose dire grâce à l'effort des femmes philosophes et théologiennes, qui ont perçu, à partir de leur réalité propre, les limites des pensées patriarcales.

Nous, êtres humains, sommes «condamnés» à notre historicité, à notre réalité changeante, tout en désirant l'inchangeable, tout en souhaitant la stabilité des principes et des valeurs absolues. Ainsi se trouve révélée de façon plus aiguë la complexité des rapports entre le contextuel et l'universel. D'où l'importance de comprendre les contenus que ces notions enserrent, ce à quoi elles se rapportent dans la vie des gens et dans notre recherche personnelle, et d'analyser leurs conséquences.

Les vérités dites contextuelles ne sont pas moins bonnes ou moins justes, davantage de gauche ou de droite, que les vérités dites éternelles qui, elles, seraient toujours bonnes ou toujours vraies. On attribue souvent des consonances particulières au terme «contextuel»: pour certaines personnes, il fait référence à la vérité humaine historique, alors que pour d'autres, le mot est associé à l'erreur ou à une mode passagère. Nous savons que, dans le langage humain, le mot isolé ne veut presque rien dire. C'est la phrase ou l'expression de la pensée qui précise sa signification. Ce qui détermine le contenu d'un mot, ce qui lui donne sens, c'est sa localisation dans la phrase et donc, par analogie, son usage associé aux actions concrètes et aux significations que lui attribuent divers groupes humains. C'est l'usage ou l'action qui donne un contenu aux mots, c'est la façon dont on se sert d'eux qui en précise le sens. C'est le ton que nous utilisons qui crée la musique des significations. Cette complexité de la pensée et du langage humain rend l'interprétation toujours nécessaire et manifeste le côté conflictuel de celle-ci. C'est la raison pour laquelle nous avons dû faire un travail d'ouverture de ce concept et de compréhension existentielle du mot «contextuel». Nous pourrions ajouter d'autres considérations à celles que nous avons faites, mais cette introduction suffit pour nous situer et nous ouvrir à certains aspects de la question.

Théologies, éthiques et contextes[4]

Penser la relation entre théologies et éthiques implique déjà de situer cette pensée dans un contexte géographique et personnel, comme je l'ai expliqué plus haut. C'est donc à partir du «Sud», mon contexte, que s'amorce mon analyse. C'est le Sud aussi qui la limite et lui donne son autorité et sa consistance propres. C'est là ma perspective, mon point de vue particulier et le lieu d'où s'étend mon regard sur le monde.

Permettez-moi de commencer par les théologies, même si en cours de route, je les rapprocherai ou les éloignerai de l'éthique selon la dynamique de ma pensée. Les deux approches dans l'univers chrétien se touchent inexorablement.

Les théologies actuelles qui sont nées en dehors de l'Europe ou «en périphérie», sont considérées par celles d'origine européenne comme des théologies contextuelles. Jamais, dans le passé, les théologies européennes ne se sont considérées comme contextuelles. Elles se percevaient comme l'expression d'un discours sur ce qui est éternel ou plus précisément, comme l'explicitation des «vérités éternelles». Il en était ainsi parce que l'Europe occidentale chrétienne estimait être le centre politique et culturel du monde. Or, ceux qui s'arrogent un tel pouvoir ne peuvent le faire que si ce pouvoir est conçu comme la manifestation du pouvoir divin absolu. Il y a donc un rapport intime entre la conception de la nature absolue du pouvoir de Dieu et celle qu'on se fait du pouvoir des rois ou des princes et de leurs successeurs. Par conséquent, qualifier la théologie de contextuelle c'est ouvrir une brèche dans la théologie *perennis*, éternelle, immuable, prétendument unique, qui estime dépasser la simple matérialité des contextes particuliers. La théologie *perennis*, ou éternelle, c'est la théologie reconnue par le magistère officiel de l'Église catholique ou par cette autre forme de «magistère» qu'est le consensus des Églises issues de la Réforme. Et ce magistère, malgré la complexité des cultures et des religions, avait la prétention de comprendre et d'expliquer le monde et les voies de salut au nom de son Dieu, considéré comme l'unique vrai Dieu. Il faisait partie du pouvoir qui dominait le monde et qui tirait sa légitimité d'en dehors de ce monde. Tout ce qui était créé ou produit à l'extérieur de ce centre de pouvoir pouvait être appelé «contextuel», passager, contingent, alors que ce qui était éternel ne pouvait provenir que des centres de pouvoir en place. Cette façon politique et théologique de voir et d'agir dans le monde subsiste encore dans le discours officiel du magistère catholique et des autres Églises chrétiennes. Cette situation nous invite à comprendre l'influence du pouvoir politique sur la formulation des théologies. Elle nous fait sortir d'une certaine naïveté et nous invite à mieux situer les rapports entre nos croyances et notre espace culturel, social et politique.

Le développement d'éthiques laïques qui mettent l'accent sur la justice sociale et la responsabilité qui en découle, selon un humanisme qui n'est pas nécessairement lié à un schème religieux, n'est pas d'aujourd'hui. Dans cette perspective, l'éthique ne commence pas avec le religieux au sens courant, ni par l'obéissance à un Dieu, à des commandements et à des préceptes, mais elle fait partie de l'étoffe humaine du vivre ensemble. L'évolution humaine s'effectue à partir d'une sorte de donné biologique et anthropologique de base, si bien que le processus même de la vie implique que l'être humain se transforme en s'agrégeant des éléments nouveaux, en leur résistant ou en s'y associant.

Nous découvrons que nous ne sommes pas seulement *avec* les autres mais *pour* les autres — les uns/unes pour les autres, et réciproquement. C'est le *pour* qui fait la différence. Le *pour* me conduit vers l'autre comme à mon semblable, vers celui/celle qui partage la même réalité sociale et vit sur la même planète que moi. C'est le *pour* qui instaure l'éthique. Cette affirmation mérite d'être expliquée.

La condition originelle de tous les êtres vivants est d'être en rapport avec les autres. Néanmoins, l'originalité de l'être humain réside dans le fait que c'est comme être pensant qu'il est avec les autres, mais aussi dans le fait qu'il est *pour* les autres. Que nous soyons avec d'autres, que nous nous reconnaissions comme vivant en société et essayant de faire des activités ensemble, est évident. Mais, le *pour l'autre* ouvre une dimension différente dans ma relation à moi-même. Je me permets d'accueillir l'autre comme mon semblable et je reconnais ce qui lui est dû, de la même façon que je reconnais ce qui m'est dû à moi-même. C'est là que je situe la naissance de l'éthique, c'est-à-dire dans la reconnaissance de mon semblable comme un sujet de droits et devoirs comme moi-même. Un exemple élémentaire permettra de mieux comprendre ce que je propose: le rapport du nourrisson à sa mère ou à ceux et celles qui prennent soin de lui. Dans ce *pour*, la réciprocité n'est pas symétrique. L'enfant dépend totalement de l'autre; il reçoit tout de l'autre parce qu'il est dépourvu des moyens de vivre par lui-même. C'est dans ce sens que j'ose dire que le *pour* va au-delà du *avec*. Cette origine humaine de l'éthique sera rappelée maintes fois pour souligner notre responsabilité commune devant le maintien de notre existence et de celle de la planète. C'est *pour* les enfants, c'est *pour* la terre, c'est *pour* les océans, c'est *pour* la vie, c'est *pour* nous-mêmes, que nous devons avoir des relations réciproques de respect et de protection.

L'éthique m'amène au-delà d'une simple réciprocité égalitaire pour m'introduire dans la responsabilité pour la vie, même sans réciprocité de la part des autres. Même si je ne connaîtrai pas les enfants d'aujourd'hui devenus adultes, je lutte pour le respect de leur vie. Même si je ne verrai pas de plus justes relations entre les nations, je m'engage pour que cela soit possible. Même si je ne vois pas l'avènement de lois justes dans mon pays, je ne cesse pas de participer aux mouvements qui les feront naître un jour. Ce *pour* originaire me révèle aussi mes propres limites ainsi que ma grandeur. Parce que j'ai fait l'expérience de ce *pour* venant des autres et des écosystèmes, ayant été nourrie et soignée, je suis en mesure désormais de faire le choix d'orienter mon existence dans ce sens ou, au contraire, celui de m'enfermer dans mon petit monde de relations. Il y a ici une complexité de facteurs de toutes sortes qui marque l'histoire personnelle de chacun/chacune de nous. C'est pourquoi vivre éthiquement est un choix, car il implique de vivre et d'agir *pour* les autres et non seulement *avec* les autres. Le *pour* nous ouvre à un humanisme qui dépasse nos intérêts immédiats.

Parler de ce *pour* éthique me semble aujourd'hui très choquant, surtout depuis que nous avons développé des comportements éducatifs basés sur le «avec les autres». Nous dirons très simplement que nous travaillons avec les autres, que nous grandissons en Église avec nos frères et sœurs, que nous sommes avec les pauvres, les démunis, les enfants, que nous voulons exercer le pouvoir les uns avec les autres et non sur les autres. Selon cette perspective, d'ailleurs juste du point de vue éducatif, parler du *pour* instaurateur de l'éthique provoque un nœud dans la pensée. Il faut garder le nœud et réfléchir à partir de la complexité de la vie afin de pouvoir assumer consciemment ce *pour* fondamental. Je pense que le *pour* nous place dans la situation des origines et des limites de notre être ainsi que des appels urgents de notre temps. Le *pour* nous invite à réaliser que les autres ont dû faire beaucoup pour nous, pour que la vie se développe en nous. De même, il y a des situations où il semble impossible de faire avec les autres, il faut faire *pour* les autres ou pour l'autre afin qu'ils/elles soient sauvés des diverses détresses. Les exemples de ce *pour* éthique sont nombreux sur le plan national et international. Ici, se justifie le droit d'intervenir dans la vie de l'autre quand la vie est menacée. Néanmoins, même ce *pour* fondateur de l'éthique est assujetti à l'ambiguïté et à la contradiction des êtres humains et de leurs pouvoirs. Les détenteurs du pouvoir peuvent utiliser le *pour* de façon indue et rendre esclaves ceux et celles qu'ils se proposent d'aider. Les ambiguïtés et l'exploitation des uns par les autres sont présentes dans n'importe quelle entreprise humaine. Pensons, par exemple, à l'intervention des États-Unis et de ses alliés en Iraq et à notre droit de citoyens/citoyennes du monde d'élever la voix pour dénoncer les droits bafoués, les vies agressées, l'impunité des puissants, et tant d'autres situations où l'empire de la cruauté prend la place du bon sens et du respect des autres.

L'importance du *pour* fondateur de l'éthique n'a pas échappé à la tradition éthique chrétienne. Il suffit de penser au précepte: «aime l'autre comme toi-même», et à ses conséquences pratiques dans la vie courante. Ou encore, au passage de l'évangile qui affirme que ce qu'on fait au plus petit c'est à Dieu qu'on le fait (Mt 25, 31-46); en d'autres termes, tout ce qu'on fait aux pauvres revêt une dimension théologique particulière. Néanmoins, il faut nous rappeler aussi que tout au long des siècles, et sous l'influence de différents courants dualistes et spiritualistes, le *pour l'autre* a souvent été remplacé par le *pour Dieu*. Et ce Dieu, être parfait et spirituel, nous invitait à nous éloigner de la matière, à devenir parfaits comme lui-même est parfait. Alors, souvent le *pour l'autre* a pris des tournures de mépris de l'être humain dans sa matérialité spécifique et a provoqué des déviations de l'amour concret: aimer l'autre à cause de Dieu et non pour lui-même. Dieu, on ne peut pas ne pas l'aimer, mais l'autre, oui. Dieu ou, pour être plus exacte, une certaine idée de Dieu rendait possible l'amour pour celles et ceux qu'on aurait pu oublier. Mais cet amour était défini à partir de modèles d'action et de comportements préétablis sur des critères de perfection. Je pense par exemple à l'amour pour les femmes prostituées: il fallait les faire sortir de la prostitution selon telle ou telle méthode. Je pense aussi à l'amour pour les homosexuels: il fallait les guider de façon à ce qu'ils abandonnent leur orientation sexuelle ou, au moins, les aider à vivre dans l'abstinence sexuelle. L'amour des autres pour Dieu ou à cause de Dieu était conçu à partir des modèles préétablis, et c'est bien pour cela que son efficacité était discutable. Plusieurs courants spirituels se sont construits dans cette perspective de l'amour de Dieu. Ce n'est pas à nous de juger le cœur de chaque personne; cependant, de nos jours et du point de vue anthropologique et psychologique, ce modèle révèle de sérieuses limites.

Un autre aspect de l'éthique laïque du XXe siècle qu'il faut rappeler, c'est la conscience croissante, suscitée particulièrement par des intellectuels appuyant des mouvements indépendantistes, du danger de l'eurocentrisme, par lequel la culture européenne s'est affirmée comme la culture universelle ou la culture première par rapport à d'autres. Cette affirmation est liée aux projets politiques et religieux du colonialisme passé et du nouveau colonialisme européen. C'est cet eurocentrisme qui, auparavant, servait de référence pour décider de la véracité de l'éthique et de la théologie implantées dans les colonies. Cette théologie et cette éthique étaient fondées sur des principes que l'on considérait comme universels et valables pour toute l'humanité. La culture européenne définissait une sorte d'idéal humain auquel toutes les cultures devaient se convertir. On constate aujourd'hui un recul de cette culture qui commence à être remplacée par les valeurs pragmatistes de l'Amérique du Nord, notamment des États-Unis. C'est ainsi qu'une autre anthropologie de domination se profile à l'horizon et impose sa compréhension de l'être humain et du monde comme la seule qui soit fondée sur la vérité. Il s'agit d'un nouveau concept absolutiste de vérité qui s'exprime apparemment de façon laïque mais qui, en réalité, correspond à un schème fortement religieux. Je caractérise ainsi un certain nombre de croyances répandues sans qu'aucune rationalité historique critique ne les justifie. Ceux et celles qui les professent prétendent représenter une autorité au-dessus des gens ordinaires, ce qui les justifie d'ignorer le désir de ces gens et de poursuivre ainsi leurs propres buts de domination. Les guerres actuelles ainsi que les formes de domination économique et culturelle se fondent sur une prétention de supériorité des uns par rapport aux autres, comme si des dieux confirmaient ce pacte de supériorité. De même, ceux qui se considèrent comme supérieurs estiment que leurs interventions pour régler la vie des divers pays sont au-dessus de toutes les conventions internationales. C'est bien à cause de cette contrainte d'obéir sans discussion, imposée à partir d'une conception hiérarchique, qu'on parle de schème religieux. Ceux et celles qui ne se soumettent pas sont culpabilisés ou se culpabilisent eux-mêmes à cause de leur différence. Un autre totalitarisme commence à s'instaurer. Il use d'artifices médiatiques, de discours stigmatisant un ennemi démonisé ou faisant la promotion du bien-être, pour confondre la plupart des gens. Les destructeurs se présentent comme des sauveurs et une nouvelle Babel s'instaure entre peuples et nations.

L'Histoire du XXe siècle a été celle de l'ascension et de la chute de l'eurocentrisme. Il semble que l'Histoire actuelle soit également celle de l'ascension et de la chute annoncée de l'empire américain, qui essaye de faire tourner le monde autour de lui-même. Aussi avons-nous besoin, de manière urgente pour la planète, d'élaborer une nouvelle compréhension d'un «vivre ensemble».

La reconnaissance de l'importance des contextes pour comprendre les comportements nous a aussi ouverts à une autre problématique particulière aux années 1980, à savoir le rapport entre les diverses cultures. Le mot «multiculturalisme» a été introduit pour désigner une nouvelle forme de coexistence dans le monde. Les populations humaines commencent à bouger plus que jamais et ces déplacements sont dus aux migrations massives, à la famine et au sous-développement dans certains pays du Sud. On ne se déplace plus pour découvrir de nouveaux mondes ou pour l'aventure de connaître les étrangers. Une nouvelle réalité sociale et culturelle s'est imposée au monde par le système actuel d'exploitation capitaliste — la globalisation mondiale. La lutte pour la reconnaissance des identités culturelles semble à certains moments remplacer le rêve marxiste de la lutte des classes en vue d'une société sans classes au niveau international. Néanmoins, la réalité sociale des grandes villes et de la campagne avec ses grands propriétaires terriens, surtout en Amérique latine, atteste de la continuelle présence des échelles sociales et de l'exploitation des uns par les autres. Les deux situations — celle des privilèges d'une classe internationale et celle de l'autonomie des cultures — s'entrecroisent et se nourrissent mutuellement.

Le multiculturalisme n'est pas une lutte de classes, mais une lutte pour construire de nouvelles nations et de nouvelles identités à l'intérieur des anciennes. Le multiculturalisme se manifeste surtout dans les grandes villes du monde. Il exprime la quête identitaire de ceux et celles qui veulent être reconnus par les pouvoirs établis et par les résidents des pays d'accueil, ou par ceux et celles qui exercent maintenant l'hégémonie politique et sociale, comme dans le cas des rapports entre autochtones et descendants des anciens colonisateurs.

Cette situation nous fait entrer dans un monde d'une complexité grandissante. Il n'existe pas un modèle de «vivre ensemble» qui serve de référence. Des tentatives ont été faites en ce sens, mais nous en sommes encore au stade des généralités et des bons sentiments, le plus souvent inopérants. Il suffit d'une petite menace pour que notre effort pour vivre avec l'autre dégénère en violence et en intolérance de part et d'autre. L'imprévisible est à l'ordre du jour. C'est la raison pour laquelle on doit reconnaître que si le *vivre avec* est difficile, le *vivre pour*, instaurateur de l'éthique, semble l'être bien davantage.

En général, les discours sur le multiculturalisme s'élaborent à partir des paramètres des pouvoirs établis et sont souvent très ambigus. Ce sont les États dans leur organisation actuelle qui doivent se préoccuper d'un monde où les populations bougent et où le risque de xénophobie peut mener des politiques à l'échec. Mais, nous savons combien la définition même de l'État est aujourd'hui ambiguë et combien le capitalisme dans sa forme actuelle réduit le pouvoir des États afin de mieux dominer les marchés économiques. On comprend, dans ces circonstances, la difficulté de gérer des conflits, l'État lui-même étant affaibli et privé d'autorité. Dans la même logique, les États sont aujourd'hui soumis à de nouvelles formes d'uniformisation culturelle et de réduction des différences culturelles à des marchandises. Il y a maintenant des chaînes américaines de nourriture chinoise, japonaise, arabe, vietnamienne, africaine, etc. Ce n'est plus l'habitant originaire qui cuisine. Son savoir est repris et assumé par le marché global, qui en fait un produit de plus pour la consommation et le profit. Ce qui est étranger est bienvenu sur le marché global, mais celui ou celle qui arrive dans un pays autre que le sien pour y vivre ou survivre continue d'être un étranger. De même l'invasion du prêt-à-manger, qui offre un choix des nourritures les plus exotiques, rend les gens étrangers à leurs propres habitudes alimentaires traditionnelles. D'où la question de fond: dans l'indifférenciation culturelle imposée par la globalisation, comment subsistent les différences, comment sont-elles respectées, comment les cultures peuvent-elles garder leur identité propre? Selon quels critères nouveaux pourrons-nous évaluer des comportements? Le dialogue entre les différents groupes sera-t-il possible et quelles lois devront être établies pour assurer le bien de tous et toutes? Ces questions se posent dans un monde, d'une part, nivelé sur le plan des idées, des modes, de la nourriture et de certaines habitudes, mais, d'autre part, inégal sur le plan des opportunités de développement ou de croissance personnelle et collective. C'est également un monde d'extrêmes, où la famine coexiste avec le gaspillage de nourriture, où le manque d'eau potable dans certaines régions côtoie une consommation excessive dans d'autres. Il n'y a presque plus de citoyens, mais des consommateurs. Il n'y a presque plus de nations, mais des entreprises. On n'a presque plus de sens des valeurs humaines au-delà de ses intérêts particuliers ou de sa propre spécificité par laquelle on s'oppose aux autres. Ce sont là des signes qui permettent de constater l'émergence d'un clivage à l'intérieur de la communauté humaine et qui aboutit à discriminer ceux et celles qui n'ont pas les mêmes caractères anatomiques, la même couleur de la peau, la même religion ou la même tendance religieuse, ou dont le compte bancaire n'est pas bien fourni. Le respect des cultures dans le discours des politiciens peut masquer le manque de respect réel des personnes dans leurs droits les plus élémentaires.

La diversité et la complexité des points de vue sur le multiculturalisme sont donc faciles à constater. Pourtant, la compréhension de cette réalité nous confronte à deux défis. D'abord, identifier le multiculturalisme accepté par les pouvoirs établis et les limites de l'intégration qu'ils proposent aux personnes de cultures diverses au sein des sociétés. Puis, identifier le multiculturalisme que vivent entre elles les diverses communautés ethniques et qui ne correspond pas toujours à la conception qu'en ont les pouvoirs officiels.

La problématique des théologies et des éthiques contextuelles est directement touchée par le multiculturalisme au sein d'un territoire (ville, région, pays) et entre les divers territoires. Ce débat, qui a commencé tout récemment à occuper une place importante dans la pensée et la politique contemporaines, ne peut pas être ignoré par la réflexion théologique et éthique. Encore une fois, l'interdépendance entre tous les aspects de notre vie est un paradigme à ne pas oublier. Et nous avons encore beaucoup de chemin à parcourir pour résoudre les divers problèmes qui émergent d'une société incapable d'accueillir comme citoyennes et citoyens celles et ceux qui affirment leur différence dans toute la variété de ses expressions. Et non seulement dans ses expressions culturelles! À mon sens, le grand défi à relever se trouve dans notre difficulté à reconnaître l'existence même des économiquement pauvres, de ceux et celles qui sont condamnés à la misère dans les pays pauvres mais aussi, de plus en plus, dans les pays riches. Reconnaître leur existence signifie les considérer comme des citoyens, comme des sujets de droits et de devoirs, et non seulement comme des sujets d'assistance publique ou privée. Ce sont eux qui attestent la faillite de ce modèle économique et culturel hiérarchique. Ce sont eux, par leur simple existence, qui dénoncent le manque d'éthique dans les rapports humains. Et, finalement, c'est à partir d'eux, de leur pluralisme culturel et social, c'est-à-dire de leur condition propre, que nous pouvons espérer changer nos relations et bâtir un monde qui soit une demeure agréable, hospitalière et respectueuse de tous et toutes.

La théologie en question

À ce stade de ma réflexion, je voudrais ouvrir encore un volet sur la situation de la théologie ou des théologies dans notre monde, particulièrement à partir de mon expérience en Amérique latine.

Notre interprétation du rôle des théologies dépend de la façon dont nous nous comprenons et nous situons dans le jeu des forces sociales et politiques. C'est bien à cause de cela que nous pouvons faire une double affirmation: la théologie est à remettre en question et la théologie n'est pas remise en question. Les échos les plus divers par rapport à ces deux affirmations se font entendre. J'essayerai de vous livrer quelques pistes à ce sujet, comme une invitation à entrer dans une pensée critique aux dimensions multiples.

La théologie est à remettre en question pour certains, mais pour d'autres, elle ne l'est pas. Qu'est-ce que cette double affirmation signifie dans ses grandes lignes?

Pour certains théologiens et théologiennes critiques, il s'agit tout d'abord de revoir la production théologique elle-même, les lieux et les personnes qui pensent un héritage religieux aujourd'hui. Il s'agit de revoir les contenus du message et les destinataires de cette production ainsi que les formes de contrôle des pensées et des croyances. Il s'agit aussi de se rendre compte des conséquences réelles ou imaginaires qu'a cette production théologique, formulée dans le passé et dans un autre contexte historique, sur la vie actuelle des gens. Des personnes, dont je suis, croient que la théologie aujourd'hui devrait être plus attentive au sens de sa propre existence et c'est pour cela qu'elle est à remettre en question. Être attentive au sens de son existence c'est, pour la théologie, s'interroger à nouveau sur son rôle dans la vie des divers groupes de croyants. Dans ce sens, parler de théologie c'est, en fait, parler *des* théologies. Les théologies sont donc à remettre en question quand leurs discours semblent avoir perdu leurs fondements et leur légitimité, non pas par décret, mais par une évaluation critique des conséquences de leurs propositions sur la vie des gens. Ce sont les personnes et les groupes qui, pour diverses raisons, constatent l'absence actuelle de pertinence de leurs références religieuses. Je pense, par exemple, aux féministes critiques qui ne se retrouvent plus dans les formulations théologiques officielles des Églises chrétiennes. Je pense également à la difficulté du dialogue entre certains scientifiques et l'Église catholique parce que les formulations figées de celle-ci ne permettent plus d'avancer dans la réflexion, en vue du bien de l'humanité.

En premier lieu, la situation du monde actuel, que mettent en évidence les chiffres sur la famine et la mortalité, les constats relatifs à la destruction des écosystèmes, à la collusion des institutions religieuses avec le capital international, etc., semble remettre en question la théologie chrétienne dans ses différentes facettes, comme science des vérités éternelles et comme science la plus élevée de l'esprit humain, ayant pour objet le plus sublime des êtres dans sa relation avec l'humanité. De même, il ne faut pas oublier le progrès de la linguistique, de l'herméneutique textuelle, de la critique historique et de tant d'autres apports, qui relativisent la conception, répandue dans les religions du Livre, de l'écrit comme fondement. Tout ceci remet en question l'image et l'autorité d'un Dieu unique qui semble disposer d'un pouvoir absolu sur les gens. Cette remise en question porte également sur les médiateurs, la hiérarchie jouissant d'importants pouvoirs sur les fidèles. Autrement dit, ce qu'on remet en question, c'est d'abord la collusion de l'institution ecclésiastique avec ses partenaires politiques! Une telle collusion est un fait qu'on observe actuellement en Amérique latine et dans plusieurs pays du monde. Cette situation va au-delà des propositions de la théologie de la libération en Amérique latine et même ailleurs.

En second lieu, ce que je propose, c'est de mettre en question la théologie elle-même comme science sur Dieu et sur ses manifestations. Cette affirmation peut sembler une critique outrancièrement prétentieuse, elle est en réalité l'expression d'un souci existentiel et intellectuel. Je me rends compte que l'audace de cette pensée s'appuie sur des expériences d'abus par les pouvoirs religieux à différents niveaux. Plus encore, elle s'appuie sur la constatation que l'humanité a atteint un stade d'évolution où toute vie risque de disparaître. Aujourd'hui, nous ne sommes plus de simples animaux rationnels, des fils et des filles de Dieu ou des êtres créés à l'image de Dieu. Nous sommes des destructeurs des systèmes de vie, d'une vie que nous pouvons parvenir à éliminer totalement. Notre modèle de Dieu comme être suprême dominant tous les autres semble également en faillite. De nouveau, c'est la constatation de l'interdépendance entre nos pensées et nos actions, nos croyances et nos institutions, entre nos multiples maladies et notre recherche de santé, qui se révèle à nous. C'est à partir de l'observation de l'état de la planète et de celui des relations humaines, ainsi que de l'incapacité actuelle des théologies à répondre au besoin de la vie sous toutes ses formes et à nous aider à résister à la cruauté du monde, comme dirait Edgard Morin[5], que je souligne la nécessité de remettre en question la théologie. Nous pourrions nous demander à quoi servent nos affirmations ou nos attitudes, quel est leur impact. Prétendre parler au nom de Dieu, convaincre les gens de la vie éternelle, annoncer le Royaume de Dieu comme une vérité à laquelle il faut toujours revenir: à quoi et qui cela sert-il? Quel impact cela a-t-il sur la vie concrète des gens? Ne vaudrait-il pas mieux reconnaître les limites des pensées religieuses structurées de façon dogmatique et essayer de racheter la sagesse humaniste qu'elles contiennent? Ne faudra-t-il pas oser partager de façon simple ce qui nous tient à cœur, ce qui constitue une valeur pour nous, et essayer de trouver des moyens de vivre cela dans les limites de notre histoire contemporaine? Ma remise en question de la théologie est la conséquence d'un malaise personnel, partagé avec tant d'autres personnes, face à l'urgence de résister aux diverses formes de destruction du monde et à celles de l'aliénation de notre responsabilité. Je ne saurais proposer une autre structure à la place de la théologie telle qu'elle se présente aujourd'hui, mais j'ose tendre la main à tous ceux et celles qui veulent résister à ce qui provoque la désunion, la violence, la désintégration des relations et des écosystèmes. Je voudrais devenir l'alliée de tous ceux et celles qui veulent résister aux barbaries de notre temps et exprimer en toute simplicité leur amour les uns pour les autres, par des actions concrètes pour prendre soin de la vie. La simple reconnaissance de nos limites et de notre désir d'aimer la vie recèle déjà d'énormes possibilités d'avenir.

Je suis persuadée que ce n'est pas parce que je mets la théologie en question que les institutions théologiques seront fermées ou que les Églises changeront leur façon de faire des disciples. Cependant, je prends la liberté de penser, comme tant d'autres l'ont fait avant moi et avec moi. Comme tant d'autres personnes, je lance mon cri d'alerte sur la complicité qu'entretiennent les théologies avec la destruction de l'être humain et de la planète. La perception de l'interdépendance entre toutes choses nous rappelle que toutes les institutions entretiennent une complicité avec ce qui détruit aussi bien qu'avec ce qui construit. Les Églises et les théologies ne font pas exception!

On pourrait, à propos de la théologie patriarcale, soulever encore les questions suivantes: comment un système fortement hiérarchisé et contextuel mais qui se croit universel, peut-il favoriser l'épanouissement de différentes cultures? Comment peut-il être réellement contextuel et efficace aujourd'hui? Comment peut-il respecter les différences s'il fonctionne sur une base d'uniformité et de centralisation? Dans quelle mesure lui est-il possible de changer les contenus de ce qu'il considère comme la Tradition pour ouvrir un dialogue réel avec des groupes concrets? Cette méfiance par rapport aux possibilités réelles de changement des institutions patriarcales et de la théologie se répand dans différents mouvements sociaux, notamment dans le mouvement féministe. D'où ma remise en question de la théologie en tant que connaissance ou en tant que science, comme elle se présente aujourd'hui.

D'un autre côté, je me rends à l'évidence que la théologie n'est pas remise en question. Elle continue à être étudiée et à faire l'objet de publications nombreuses. Il me semble qu'il ne se fait rien de vraiment neuf. Nous nous répétons et nous continuons de nous rappeler les années glorieuses du temps de l'apogée de la théologie de la libération. Aujourd'hui encore, nous faisons mémoire, avec les mêmes mots et les mêmes expressions, des communautés prophétiques, des mouvements de libération inspirés par l'Église, de l'intérêt que représente la lecture populaire de la Bible, des évêques et des laïcs martyrs du passé. À combien d'occasions n'avons-nous pas fêté notre glorieux engagement pour la justice dans le monde! Notre actualité semble totalement dépourvue de nouveauté sur le plan de nos engagements pour la justice à partir de la foi chrétienne. C'est peut-être ce qui explique la place qu'occupe dans notre mémoire le passé récent.

Il me semble qu'il faudra attendre encore longtemps avant que de nouvelles perceptions et expressions de nos convictions humaines s'inscrivent dans l'Histoire. Rappelons-nous aussi qu'un processus évident est en train de se mettre en place actuellement en Amérique latine: celui d'un retour à l'aspect légaliste du religieux, qui apporte la sécurité, le maintien de l'ordre et l'espoir à des gens qui se sentent désemparés, surtout par l'insécurité et par la fragmentation sociale, politique, économique et psychologique dans laquelle nous vivons. Le retour au traditionnel, à l'autorité qui sait et qui a du pouvoir, semble se profiler fortement à l'horizon. Les anges, les démons et les saints reviennent sur scène! Les prêcheurs évoquent souvent la présence du diable pour expliquer des vices ou des problèmes familiaux. Il semble que l'eau bénite, la dévotion aux saints, les bénédictions du Saint-Sacrement reprennent la place qu'elles avaient perdue au temps des mouvements de libération. La religion ramène un monde de sécurités dont nous avons la nostalgie, ce qui nous évite de regarder en face la réalité historique actuelle. De même, le politique devient de plus en plus religieux et les religions sont de plus en plus politiques. Bon nombre de politiciens en Amérique latine sont liés soit à l'Opus Dei, soit à d'autres mouvements du genre ou à des Églises pentecôtistes plutôt conservatrices. Ils s'identifient politiquement par leur appartenance à l'une ou l'autre Église. L'appartenance à un mouvement religieux ou à une Église en particulier semble leur fournir une attestation de bonne conduite! De plus, nous ne pouvons pas oublier combien la croyance aux forces surnaturelles peut, d'une part, soutenir celles et ceux qui sont abandonnés par la société, mais aussi, d'autre part, les rendre dépendants de la mystérieuse volonté de ces entités. Ce qui choque en tout cela, c'est le profit qu'une certaine élite tire de l'obscurantisme religieux populaire qui, à mon sens, constitue pour les plus pauvres une issue leur permettant de donner raisonnablement du sens à leur souffrance.

En un certain sens, les deux attitudes, celle qui met la théologie en question et celle qui la confirme, se rejoignent, puisqu'elles proviennent du même monde culturel. D'où l'incitation à réfléchir à la complexité de notre réalité mondiale et aux limites de nos outils d'interprétation. Je reviendrai là-dessus à la fin de cette réflexion. Pour le moment, il nous a suffi, à titre d'hypothèse, d'une part de mettre en doute la validité de la théologie elle-même et, d'autre part, de rappeler ce qu'est la théologie actuellement vivante, même si elle ne correspond pas à mes convictions. Il nous faut revenir à la question de la complexité des théologies et des éthiques contextuelles pour préciser encore certains points.

La complexité des théologies et de l'éthique en Amérique latine

Les théologiens et théologiennes qui, au XXe siècle, ont parlé de la production contextuelle des théologies, ont su rassembler les nouveaux acquis pour mieux réfléchir et accueillir la tradition chrétienne. Ils ont évité autant que possible les conflits avec le magistère, qui craint toujours de perdre les pouvoirs qui se fondent sur les vérités éternelles. Néanmoins, dans presque toutes les théologies actuelles, sauf celles issues du féminisme critique et celles en dialogue avec les religions asiatiques, la même structure métaphysique et patriarcale de la foi chrétienne a été maintenue. Je veux dire par là que ce qu'on appelle «contextuel» en théologie, n'est en réalité qu'une adaptation aux différents contextes culturels, du même contenu conceptuel, défini comme la GRANDE TRADITION de la foi. Et ce contenu conceptuel est considéré comme un donné révélé par Dieu, d'où l'impossibilité de le changer. Il y a effectivement des données historiques qu'il ne faut pas nier, mais on ne peut plus les fixer, les cristalliser, les affirmer et les défendre comme si elles étaient des vérités éternelles, à l'abri de toute remise en question. On dirait qu'on a tendance à confondre le plan historique avec le plan métaphysique. C'est pour cela que lorsqu'on parle de contextuel au sein de la théologie traditionnelle, on pense à un simple ajustement, à une actualisation ou une modernisation des termes.

Les théologies de la fin du XXe et du début du XXIe siècle reprennent le terme «contextuel», mais ce qu'elles désignent ainsi se limite à tenir compte de l'apport de différents mouvements culturels, sociaux et scientifiques. Au fond, dans un sens, tout devient contextuel ou tout est contextuel. C'est contextuel à cause des différents groupes culturels, c'est contextuel parce que c'est féministe, c'est contextuel par la couleur de la peau, c'est contextuel parce que ça touche des pauvres ou des riches, c'est contextuel parce que c'est de l'Amérique latine, de l'Inde, du Québec. Le contextuel débouche sur une certaine fragmentation dans la connaissance et dans les comportements, ce qui, d'une certaine manière, est l'expression même de notre condition humaine. Le contextuel risque aussi de cacher les politiques globales, qui s'imposent sous le couvert du respect des cultures et qui instaurent les règles définies par l'empire global. Dans cette réalité «contextuelle», de nouveaux discours à prétention universelle commencent à s'ébaucher tant au Nord qu'au Sud.

Du Nord viennent les règles pour la globalisation de l'économie et de la culture. Du Nord aussi viennent les nouveaux mythes de la création du monde, les nouvelles cosmologies, le Big Bang. Les pays du Sud les reprennent, mais reviennent également aux mythologies indigènes et d'origine africaine, en essayant d'entamer un dialogue entre les diverses traditions. Les deux pôles insistent aussi sur un nouvel ordre mondial. Je pense particulièrement aux forums sociaux internationaux, qui prétendent à une nouvelle mondialisation. De quelle contextualité prétend-on ainsi se prévaloir? Et comment ces prétentions touchent-elles la production des théologies?

Le discours théologique traditionnel, contrôlé par la hiérarchie des Églises, semble aujourd'hui davantage relativisé malgré la croissance des fondamentalismes politiques et religieux de toutes sortes. Les gens qui parviennent à réfléchir sur leur foi ne se soumettent plus aux lois canoniques. Ils arrivent à vivre selon le bon sens sans s'en faire avec des prohibitions ecclésiastiques. Je pense particulièrement à toutes les questions relatives au contrôle des naissances, à l'usage des contraceptifs et des préservatifs, au mariage des divorcés, à la fréquentation des sacrements, etc. Cette forme de liberté de certaines personnes par rapport à la religion est propre à notre époque. De nouveaux comportements s'instaurent, différents de ceux promus par la hiérarchie. Et la hiérarchie elle-même n'est plus une institution homogène! Ainsi se manifestent à la fois un certain assouplissement du pouvoir religieux et l'acquisition d'une autonomie de la part des personnes qualifiées de «simples fidèles». Le pouvoir religieux, c'est-à-dire le pouvoir des Églises sur le plan de l'éthique, semble avoir perdu aussi sa légitimité et sa force auprès des instances de décision politiques du monde. Il se voit confronté par d'autres pouvoirs qui exercent effectivement une emprise sur la vie des personnes.

Étant donné la diversité des comportements dans l'ensemble de nos sociétés, et si toute théologie est contextuelle, on peut s'interroger sur la pertinence d'insister sur la contextualité de la théologie et de l'éthique. Qu'est-ce qui n'est pas contextuel en théologie? Par quel biais essayer de comprendre la complexité de la théologie contextuelle plurielle, ou des théologies contextuelles? Quels rapports ont-elles avec les traditions du passé et les pouvoirs religieux actuels? N'est-il pas suffisant d'affirmer qu'effectivement toute théologie est contextuelle, sans plus? Qu'est-ce qui nous empêche d'accepter de reconnaître que chaque façon de faire de la théologie répond à un contexte particulier et à une problématique particulière? Pourquoi alors maintenir les structures centrales dogmatiques et les structures de pouvoir impérial en prétendant souvent qu'elles ne sont pas contextuelles? Feraient-elles partie d'un certain universel qui devrait être partout? De quel universel parlons-nous? Et cet universel serait-il quelque chose au-delà de l'historique, au-delà même de l'humain, préexistant à l'humain? Serait-il un transcendantal a-historique ou trans-historique? Alors, comment le saisir dans le vécu quotidien et à partir des nouveaux points de repère de nos cultures?

De même, il faut se poser des questions par rapport à l'éthique. Peut-on encore parler d'une éthique contextuelle et d'une éthique universelle? Quels sont leurs rapports et leurs attributions propres? Peut-on aussi parler d'une éthique spécifiquement chrétienne, dans le nouveau contexte mondial? Et si oui, comment l'établir aujourd'hui, selon quels paramètres? Comment promouvoir à la fois le respect des contextes pluriels et l'affirmation de valeurs universelles? Il y a des centaines de questions autour de ce complexe problème! Et sincèrement, peu de réponses convaincantes, précisément parce que, davantage que par le passé, c'est aussi ce qui est pluriel qui est convaincant. Nous savons pourtant très bien que l'humanité a besoin d'un sens, d'un pari d'espérance, même sans les certitudes que nous avons cherchées auparavant. Devant cette complexité qui nous envahit, je vous livre un paragraphe d'une grande force et profondeur. Il est tiré de l'Introduction du livre *Éthique sans morale* de la philosophe espagnole Adela Cortina: «[...] les philosophes, depuis Zarathoustra, se sont chargés de dissimuler un ordre moral dans le monde. Depuis Zarathoustra, en passant par Socrate et Platon, par les religions juive et chrétienne, et se prolongeant dans les éthiques de la justice, tous ont voulu consoler ceux et celles qui n'ont pas pu digérer le chaos de notre monde, par la promesse d'un Jugement Dernier, où un verdict de justice sera rendu, suivi du châtiment ou de la récompense. [...] Tout cela sert à ordonner un monde dans lequel l'inégalité est la plus grande évidence anthropologique[6].» Ce que nous cherchons à instaurer, c'est effectivement un ordre de justice et d'égalité, capable de permettre à tous et toutes de vivre. Nous ne trouverons jamais de réponses complètement satisfaisantes à nos questions, mais nous trouverons, dans la sensibilité à nos douleurs communes et dans la marche côte à côte sur des sentiers de solidarité, la chaleur et la force nécessaires pour nous permettre de vivre ensemble.

J'aimerais maintenant analyser quelques implications actuelles en théologie et en éthique à partir des références historiques et critiques ébauchées ci-dessus. Dans un premier temps, je voudrais distinguer la théologie de l'éthique, tout en sachant qu'elles ont entre elles un rapport mutuel constitutif. C'est la méthode que j'ai utilisée tout au long de cet exposé, passant souvent de l'une à l'autre. Dans un second temps, je voudrais essayer de réfléchir plus avant aux conditions de possibilité des éthiques et des théologies contextuelles dans un monde en mutation permanente. Encore une fois, mon cadre de référence sera la théologie de la libération en Amérique latine et les approches philosophiques et théologiques féministes dans cette même partie du monde. C'est sur cette base que je proposerai quelques réflexions.

Une théologie contextuelle à prétention universelle

La théologie de la libération, née en Amérique latine dans les années 1970, ne s'est jamais présentée comme une théologie contextuelle, même si elle affirmait constamment être dépendante du contexte latino-américain de l'époque. Elle s'est toujours présentée comme une nouvelle élaboration de la théologie tout court, comme une nouvelle systématisation de tout savoir théologique. C'est comme si les théologiens de la libération avaient eu la prétention de proposer à l'ensemble du monde chrétien une nouvelle manière de faire de la théologie. Ceci a été évident lors des réunions entre théologiens et théologiennes dans les années 1980. Ces multiples rencontres ont eu pour but de réécrire toute la théologie dans la perspective de la libération. Les volumes parus dans la collection «Théologie & Libération» (plus de 20) témoignent de cette prétention[7]. La théologie de la libération, qui repensait toutes les thématiques théologiques du XXe siècle, a eu sans doute comme point de départ l'Amérique latine, mais son objectif ne s'y limitait pas. Elle s'est imposée d'une certaine façon à divers pays, à travers des publications et des cours donnés par des théologiens. En ce sens, elle avait des prétentions universelles. Par son option pour les pauvres, elle s'ouvrait à un certain universalisme qui touchait tous les pauvres du monde. Et c'est bien pour cela que le Vatican l'a critiquée sévèrement, à maintes reprises. Elle a essayé de sortir des limites établies par le pouvoir central, qui se considérait et se considère encore comme le seul capable de produire l'«universel». Il y a effectivement eu un conflit de pouvoirs entre l'instance centrale et des théologiens de différents pays, et il semble que ce soit le pouvoir central qui ait gagné, mais tout dépend du point de vue de nos analyses et de celui avec lequel nous évaluons les résultats obtenus.

À l'époque, les théologiens affirmaient que toute théologie était libératrice et que, par conséquent, les bases ayant servi à construire la théologie de la libération avaient un caractère d'universalité. Ils ont répété maintes fois que la dimension de libération n'était pas seulement un attribut ou une caractéristique particulière de la théologie, mais sa dimension fondamentale: si la théologie n'est pas libératrice, ce n'est pas de la théologie, aimaient-ils à dire. La libération était donc une réalité propre à la théologie. Puisque faire de la théologie c'est approcher le mystère de Dieu, un mystère nécessairement libérateur, alors toute théologie est une forme de libération. D'où la critique faite à la théologie spéculative, surtout européenne, du XXe siècle[8]. Les théologiens du Sud remettaient souvent en question ces théologies académiques sur la base de leur absence d'engagement politique et social par rapport à la misère du tiers-monde. Maints appels ont été lancés pour que soit réglé le problème de la dette de ces pays, une dette injuste, soutenue par un système économique injuste.

C'est dans cette perspective contextuelle et universaliste que la théologie de la libération s'est ouverte aux élaborations particulières, comme la théologie indigène et la théologie noire et, par la suite, la théologie faite par les femmes. Je dis bien «théologie faite par les femmes» puisque la théologie féministe n'a pas été bien digérée ou assumée par les pères de la théologie de la libération. Elle était trop dérangeante, surtout qu'elle mettait au clair quelques vices de la théologie patriarcale reproduite par celle de la libération. Aussi était-il plus facile de parler de théologie au féminin comme d'une variation de la théologie de la libération sans considérer toute la problématique féministe présente en Amérique latine et ailleurs.

Tous ces efforts pour penser à partir des particularités et des contextes spécifiques ont été, d'une certaine façon, considérés comme des déploiements de la même théologie de la libération. Celle-ci voulait conserver son nouveau centralisme et son originalité. Elle se présentait, pour utiliser une image, comme un nouveau soleil ayant de petits satellites qui dépendaient de ses analyses de société. Dans les années 1990, quand on s'interrogeait sur les nouveautés de la théologie de la libération, on parlait de la théologie des différents groupes — noirs, indigènes, femmes — comme d'expressions de la même théologie de la libération. Il s'agissait, dans un sens, d'une espèce de contextualisation et d'adaptation de la théologie de la libération à partir de différents sujets historiques et théologiques. De façon critique, nous pouvons même constater une certaine ressemblance entre ce comportement et la tradition universaliste de la chrétienté. La même théologie de la libération portait sur des sujets différents, chacun introduisant dans la perspective générale sa perspective particulière. Sans doute, plusieurs théologiennes féministes, tout en reconnaissant leur appartenance au mouvement de la libération, ne se voyaient pas seulement comme une expression de la théologie de la libération des années 1970 et

1980. Leur élaboration se présentait autrement et les problèmes soulevés étaient autres. Leur prétention à l'originalité n'a pas été acceptée et plusieurs ne se sont pas senties à l'aise d'être simplement considérées comme «une variation» ou une expression de la même théologie de la libération. Il ne s'agissait pas alors de revendiquer l'originalité féminine, mais de demander qu'on prenne au sérieux une pensée élaborée à partir de situations particulières de souffrance et d'exclusion historique. Il ne suffisait pas de compter les femmes parmi les pauvres, mais il fallait revoir les structures mêmes de la théologie et des Églises qui légitimaient la marginalisation féminine. Il s'agissait d'une énorme entreprise, difficile à accepter malgré la pertinence des revendications.

Dans les années 1980, le théologien argentin Enrique Dussel dénonçait le totalitarisme du discours théologique européen, qui gardait le silence sur la réalité des peuples conquis ou la tenait cachée. Être européen, c'était être chrétien. Les Européens avaient la prétention de découvrir la réalité des régions conquises, mais ils ne la voyaient qu'à partir de leur façon de comprendre le monde. «Les autres» n'étaient que des idées sur les autres; ceux-ci n'avaient aucune réalité propre ni citoyenneté reconnue. Dussel n'a pourtant pas abordé la question de la tendance au totalitarisme de la théologie de la libération, surtout quand il s'agissait des femmes[9].

La théologie de la libération en Amérique latine avait la prétention de redécouvrir l'homme latino-américain et de proposer un projet historique libérateur comme signe du Royaume de Dieu. C'est dans cette histoire actuelle qui est la nôtre que nous attendons l'avènement de la justice et c'est ici qu'il faut bâtir de nouvelles relations. Mais son projet historique, qui s'inspirait aussi d'autres projets politiques laïques, semblait aussi totalitaire, et il excluait d'autres approches théologiques et très particulièrement certains apports féminins. Le mot «totalitaire» peut sembler fort, mais il ne faut pas le prendre dans son sens négatif en l'identifiant aux régimes politiques totalitaires. «Totalitaire» veut dire ici avoir la prétention d'inclure les différentes approches dans un même système ou dans une même approche théologique. Il s'agit de la tentation universaliste de toutes les élaborations théologiques patriarcales.

Les théologiens mettent l'accent sur la fonction critique et libératrice de la théologie. Elle devient donc, d'une certaine façon, le jugement de Dieu sur le monde producteur d'oppression. En s'appuyant sur la Bible, ils repèrent, dans la tradition prophétique, l'annonce de relations plus justes à partir des pauvres. Ce sont les pauvres qui deviennent les artisans d'un monde nouveau et, par là, une épiphanie de Dieu. Tout en essayant de valoriser l'histoire quotidienne, et particulièrement la lutte des pauvres pour une vie digne, cette façon de poser la théologie révèle une conception de l'Histoire et de l'être humain assez idéaliste et autrement centralisatrice. On se fixe un idéal de ce qu'est l'être humain et on agit suivant ce modèle, tant au niveau politique et social qu'au niveau personnel. Cette logique est identique à celle des Pères de l'Église et d'une certaine scolastique. Selon elle, l'Histoire semble préalablement orientée vers un but précis et un modèle de relations humaines, et les acteurs en sont plus ou moins connus. En termes théologiques, Jésus est le chemin, et le Royaume de Dieu, la finalité. Mais l'interprétation du chemin de Jésus et des signes du Royaume était élaborée à partir d'un univers de valeurs historiquement masculin. Il suffit de penser au vocabulaire utilisé dans différents textes et conférences de l'époque: les armes de l'Évangile, la lutte, le combat, la révolution, etc. Et toujours sans aucun souci d'un langage inclusif et de la pluralité de sujets historiques.

Cette critique doit sans doute être relativisée puisqu'elle est faite après plus de vingt ans de la divulgation des idées de la théologie de la libération. Néanmoins, elle tire son actualité et sa pertinence du caractère analytique de ma réflexion.

Une éthique contextuelle laïque

L'éthique qui s'est répandue en Amérique latine dans les années 1970-1980, à partir des mouvements sociaux inspirés surtout par le marxisme, insistait avant tout sur la justice dans les relations économiques. On considérait que l'économie était la base de toute organisation humaine. L'être humain était tout d'abord un producteur et un consommateur de biens de toutes sortes, même s'il ne se réduisait pas aux biens produits et consommés. Il s'agissait de souligner l'importance de la matérialité de la condition humaine, souvent oubliée par certains courants théologiques et spirituels. Néanmoins, le capitalisme apparaissait comme aliénant l'ouvrier par rapport à sa condition humaine et le réduisant à un producteur de biens matériels pour les autres, c'est-à-dire les propriétaires des usines et des capitaux. On considérait également que l'ouvrier était esclave de sa propre production. Il ne pouvait jouir des fruits de son travail, dont il était privé. Il semblait qu'une élite volait le droit de tous à une vie digne, par l'exploitation de la main d'œuvre et par la possession indue des biens. Un schème analogue se reproduisait dans les campagnes, privant les paysans de la propriété de la terre qu'ils cultivaient pour vivre.

Les chrétiens du XXe siècle qui militaient dans les mouvements pour la justice sociale ont rapproché cette analyse des injustices sociales de celles qu'on trouve dans la Bible, assimilant les pauvres contemporains, produits par le capitalisme, aux «pauvres» de la Bible. Des centaines de publications, dont la perspective consistait à établir des parallélismes entre la Bible et l'actualité, se sont répandues en Amérique latine et ailleurs.

C'est dans ce sens que l'option pour les pauvres était d'abord comprise comme une option pour les économiquement pauvres. Même si on parlait des indigènes ou des descendants des Africains, la catégorie des «économiquement pauvres» était la clé de compréhension de l'éthique. Tous et toutes étaient susceptibles de se retrouver dans la pauvreté économique. Celle-ci était une espèce de préalable pour expliquer les relations humaines et l'instauration d'une société plus juste.

Il y avait aussi une nette séparation entre l'économique et le culturel, et parfois même une suspicion envers certaines analyses considérées comme trop culturalistes. Par contre, les théologies de la libération en Afrique ont insisté sur la pauvreté anthropologique, ce qui a suscité la colère de plusieurs théologiens d'Amérique latine. Pour certains théologiens africains, l'économie découlait de la culture. C'était donc logique de considérer la pauvreté culturelle comme la racine de la pauvreté économique.

Dans le cas de la théologie et de l'éthique latino-américaines, on a, en quelque sorte, universalisé l'économique, c'est-à-dire qu'on en a fait un critère valide pour tout le monde. Parce qu'elle était un universel historique, la clé de l'économique a pu servir à ériger l'universel comme tel. C'est ainsi que ceux qui étaient matériellement ou économiquement pauvres dénonçaient, par leur simple existence, l'injustice des relations, devenant, de la sorte, un autre universel qu'on pouvait dès lors établir comme critère éthique à partir duquel il fallait refaire les rapports de société.

Par conséquent, ce critère éthique ne venait pas de la bonté ou de la méchanceté des pauvres mais de leur condition même d'économiquement pauvres. C'est une position qui, à première vue, présente une cohérence et une justesse irréprochables. Néanmoins, de forts indices nous portent à croire que l'éthique fondée de façon privilégiée sur l'économique, suivant un modèle de relations et un projet historique prédéfinis, commence à ne plus tenir la route. La globalisation économique et l'empire des marchés ainsi que les comportements dictatoriaux qu'ils imposent aux pays pauvres montrent la nécessité d'analyses et de formes d'action nouvelles et différentes. Les repères traditionnels de la société industrielle, le combat des ouvriers, l'affirmation de leur dignité par les paysans et paysannes, par les populations autochtones et par tant d'autres groupes, prennent des contours particuliers en ce début du XXIe siècle. Et il faut tenir compte de tout cela pour saisir un peu ce qui se passe autour de nous. D'où la pertinence de la conclusion de ma présentation.

Une brève conclusion: contextualité et universalité au XXIe siècle

Nous éprouvons aujourd'hui un sentiment de désarroi et d'interdépendance de plus en plus grand. Nous sentons que nous sommes dans le même bateau en train de couler, même si nous espérons pouvoir le réparer. De même, il semble que l'incertitude se mêle à toutes nos actions. Les moyens et les fins ne sont plus clairs. Nos actions, même les meilleures, peuvent parfois produire des aberrations. Et il arrive que des actions mauvaises provoquent des événements heureux, souvent inattendus. D'une part, notre prophétisme peut devenir du terrorisme, comme disent certains journalistes à propos du cas d'Aristide en Haïti. Et d'autre part, notre cruauté peut entraîner des sursauts menant à la création de nouveaux mouvements: «non à la violence», «non à la torture», «oui à la dignité», etc. Tout cela confirme de nouveau la complexité de notre monde et la difficulté d'énoncer clairement les conditions de possibilité d'éthiques et de théologies contextuelles, même plurielles. En ce qui concerne l'éthique, ne faudra-t-il pas penser à nouveau au global, à l'universel historique, même si c'est d'une autre manière? Ne faudra-t-il pas énoncer autrement que par le passé une éthique plus large qui toucherait à la fois l'autonomie personnelle et la solidarité sociale, nationale et internationale? Une nouvelle éthique universelle historique, en processus d'ajustement continu, semble se dessiner à l'horizon. Mais ce n'est plus une éthique élaborée à partir d'un pouvoir politique ou religieux qui s'imposerait comme universel. Ce n'est plus un universel fruit de la domination ou fruit de la croyance en la supériorité des uns sur les autres. Il s'agit d'une éthique de dialogue entre égaux en humanité, d'une éthique à partir d'un consensus minimum sur l'essentiel pour maintenir la dignité de la vie humaine et de toute vie sur la planète. Pourtant, c'est une éthique universelle dans le sens de rapports planétaires mais vécus au niveau des particularités. Nous bâtirons, à partir de nouvelles références, notre rêve de liberté et d'égalité. Nous le renouvellerons à chaque génération parce que notre humanité l'exige.

Par les moyens de communication, le monde est devenu un village, avons-nous appris, et c'est pour cela que nous insistons sur la nécessité d'une éthique internationale, capable de régler la vie commune des nations, une éthique minimale qui puisse être respectée, établie à partir d'un consensus entre les divers groupes. De même on parle d'une éthique régionale, établie à partir des situations concrètes vécues par les groupes régionaux. À mon avis, cet effort pour établir une éthique commune de base ne peut pas être confessionnel, c'est-à-dire qu'il ne peut pas être teinté par les croyances religieuses spécifiques d'un groupe ou l'autre, en raison de la multiplicité de ces groupes rassemblés en un même espace. Une telle éthique ne peut pas être établie au nom de Dieu ou de dieux. Pour que ce soit possible, il faudrait d'abord savoir au nom de quelle divinité nous parlons! Ce n'est pas simple, on s'en rend compte, surtout quand on fait de la théologie... Nous savons que la laïcité peut aussi devenir une religion, un dogme qui exclut ceux et celles qui pensent et croient autrement. Ma position consiste à proposer l'instauration d'un nouveau dialogue entre les divers groupes, dans l'espoir de refaire nos relations humaines au-delà de certaines structures et références oppressives. Il s'agit d'un dialogue sur des questions concrètes: la fin de la misère et de la pauvreté, la reconnaissance de tous les humains comme sujets de droits économiques, politiques et sociaux, le désarmement, le soin des enfants et des vieillards, la fin de la production des armes, l'épuration des rivières, la protection des forêts et tant d'autres questions majeures pour notre planète et notre humanité.

L'éthique, comme affirmation du bien commun, un bien reconnu et non imposé comme tel, devrait alors nous inviter à penser et à agir selon la complexité de la vie, en essayant de provoquer le moins de destruction possible. Il me semble que le premier pas dans une telle direction serait de reconnaître d'un commun accord les souffrances subies ou des problèmes vécus: pénurie de logements, violence domestique, invasion de territoires, guerres, etc. La reconnaissance commune des problèmes n'est pas simple, mais il y a moyen de proposer une éducation du regard et de l'ouïe pour apprendre à résister à la cruauté que nous sommes capables d'engendrer dans nos relations. Cela est un premier pas important mais difficile, surtout pour les intellectuels habitués à des solutions de bureau. Et c'est bien pour cela qu'il faut s'aider, s'associer à d'autres qui ont les mains dans la pâte autrement.

La réalité historique actuelle atteste l'existence des théologies, des facultés de théologie et d'éthique, d'institutions pour penser la religion et pour régler la vie commune. Elles existent dans la majorité de nos pays et se maintiendront probablement encore pendant des années. Ceci étant une réalité indéniable, dans le contexte actuel les théologies et les éthiques chrétiennes ont peut-être une mission particulière.

Les théologies et les pouvoirs religieux devraient, au nom d'une citoyenneté planétaire et en vue d'un nouvel ordre de relations internationales et nationales, accepter le code laïque comme une limite, et renoncer à la tentation d'influencer dans un sens religieux les lois de l'État. Le code laïque consiste tout simplement à promouvoir le bien commun à partir des situations concrètes. Les «vérités religieuses» propres à la religion devraient se greffer sur la vérité majeure, celle du bien commun, même si ce bien doit être cherché à tâtons. Ou encore, les vérités religieuses devraient être lues à partir du code fondamental, commun à toutes les grandes traditions, de défense et de promotion de la vie.

Nous savons que les théologies et les diverses croyances religieuses continueront d'exister. Néanmoins, elles ne devront pas accompagner les projets expansionnistes des empires ni agir comme des idéologies au service du pouvoir, au risque de collaborer à la destruction de l'humanité. De plus en plus, elles sont invitées à relire leur tradition à la lumière d'un humanisme planétaire, c'est-à-dire des conditions concrètes de vie pour tous les groupes humains. Elles devraient entrer dans le dialogue et la recherche de solutions aux urgences de notre monde sans faire appel à leurs dogmes et sans permettre que ceux-ci entravent des recherches honnêtes. Elles devraient garder le souci d'être simplement le fruit du travail des citoyens et des citoyennes du monde, des membres d'une même humanité.

Dans ce sens, il y a moyen de récupérer la tradition éthique de l'évangile et celle d'autres sagesses, sans nécessairement les soumettre à la dogmatique et aux systèmes de pouvoir ecclésiastiques. Un christianisme plus laïque semble se profiler de nouveau à l'horizon, par une recherche commune du modèle de monde que nous voulons bâtir, du monde que nous laisserons en héritage aux prochaines générations.

Cela débouche aussi sur la recherche de nouvelles formes d'exercice du pouvoir. C'est à partir des petits groupes, familles et lieux de travail, qu'on pourrait s'exercer à des formes de pouvoir plus démocratiques et ajustées aux situations concrètes. C'est à partir de notre expérience collective quotidienne que nous pourrons entrevoir les signes «d'un autre monde possible». Nous devons les identifier, les affermir et les annoncer comme une bonne nouvelle d'espérance pour toutes et tous. Voilà une des grandes tâches de notre génération.

Je me rends compte des limites de ce que je vous ai proposé au cours de cette réflexion. Cet acte de conscience me révèle encore plus la complexité de notre être et de notre compréhension du monde. Malgré tout, la tâche de penser le monde est nôtre. Elle a toujours été enveloppée de notre fragilité et de notre grandeur.

Aujourd'hui, plus qu'hier peut-être, nous qui avons comme métier de transformer le monde par la connaissance et la pensée, devons adopter une attitude d'humilité.

Au fond, nous qui prétendons savoir, répétons dans la foulée de Socrate: «Nous savons que nous ne savons rien.» Nous qui voulons réfléchir sur nous-mêmes et sur le monde, nous savons qu'à chaque pas de l'existence raisonnable, nous trouvons le non-raisonnable, le contradictoire, l'inattendu et la violence, toujours mélangés à notre effort de raison. Nous savons aussi que le monde, la vie et les autres sont toujours plus grands que notre pensée, et que nous le sommes nous-mêmes. Et c'est bien cette condition qui me semble extraordinaire et provocatrice pour la connaissance.

C'est l'accueil de notre condition humaine fragile et la reconnaissance du besoin que nous avons les uns des autres qui nous ouvrent à l'espoir d'une humanité soucieuse d'elle-même et de l'ensemble de la planète. Chaque génération et chaque personne ajoutent leur petit grain de sel dans la construction et la compréhension d'un monde qui nous montre seulement ce que nos yeux nous permettent de voir. Et, en même temps, elles nous amènent à soupçonner qu'il y a plus grand, beaucoup plus grand que nos pauvres balbutiements. Pourtant, sans nos pauvres balbutiements, le plus grand n'est rien. Nos balbutiements sont la condition sans laquelle nous n'aurions pas la perception que notre être ou notre corps vit dans un corps plus grand, le corps de la Terre, le corps du Cosmos, toujours fragile comme un corps passant.

Nous sommes des passants. «C'est le mouvement de l'Éternel Passant», comme dit Rémi Parent, un ami passant qui, récemment, a croisé l'autre rive du Chemin des Passants[10].

Notes

[3] Le livre de Stephen Bevans, *Models of Contextual Theology*, Maryknoll, Orbis Books, 2002, présente une typologie très intéressante des divers modèles de théologie contextuelle.

[4] On trouvera une large bibliographie ainsi que des synthèses d'articles et de livres sélectionnés sur les théologies contextuelles d'Afrique, d'Asie, d'Océanie et d'Amérique latine, entre 1984 et 2002/2003, dans le Bulletin *Theology in Context*, publié par l'Institute of Missiology – Missio, Aachen, Allemagne.

[5] Edgar Morin, *Mes démons*, Éditions Stock, 1994.

[6] Adela Cortina, *Ética sin Moral*, Madrid, Technos, 1990, pp. 12-13.

[7] Collection «Théologie & Libération», Editions Vozes, Petrópolis, RJ.

[8] Voir par exemple la Christologie de Jon Sobrino.

[9] Enrique Dussel, *Caminhos de Libertação Latino-americana*, São Paulo, Ed. Paulinas, 1984. Malgré cette position, il faut reconnaître que Dussel a été un des premiers théologiens d'Amérique latine a être sensible à la question des rapports avec le féminin, particulièrement sur le plan de l'éthique.

[10] Rémi Parent, *Heureux les nomades*, Montréal/Paris, Éd. Paulines/ Desclée de Brouwer, 2001, p. 148.

2

IDENTIFIER LA LIBERTÉ À PARTIR DE L'EXPÉRIENCE PERSONNELLE ET COLLECTIVE

Tout être humain naît libre ou tout être humain a droit à la liberté, disent les théoriciens des droits depuis l'époque des Lumières (XVIIIe siècle). Même la *Déclaration universelle des droits humains* dans son premier article affirme que «toutes les personnes naissent libres et égales en dignité et en droits». Nous savons par expérience que ce droit universel à la liberté est très abstrait et que la majorité des personnes ne savent pas ce que veut dire le *droit à la liberté*. La plupart des gens vivent leur quotidien sans même penser qu'ils ont droit à ce *quelque chose* qui s'appelle «la liberté». Dans la presse, on utilise parfois ce mot pour annoncer un produit, que ce soit des cigarettes, une bière ou un pantalon, dont la consommation est censée nous rendre miraculeusement libres. D'autres fois, on l'associe à des expériences de groupes politiques qui parviennent à émanciper leur pays de tel ou tel pouvoir. Ou encore, par le mot «liberté», des groupes religieux désignent un stade psychique de détachement obtenu par des exercices de méditation, par l'ascèse ou le jeûne. Cette liste d'exemples pourrait encore s'allonger, que l'on pense entre autres à tant des jeunes hippies ou aux objecteurs de conscience qui, au nom de la liberté, désobéissent à des lois pour dénoncer l'aliénation créée par certaines situations.

Chacune/chacun de nous aurait sans doute d'autres exemples à donner sur la pluralité de sens attribués au mot «liberté», toujours à partir d'expériences différentes. Ce sont ces expériences qui délimitent le sens que nous donnons à ce mot. Ce sont les expériences faites par certaines personnes dans des contextes pluriels qui donnent sa consistance à ce droit universel que nous appelons la *liberté*. Et ce sont des situations que nous observons dans la vie des autres, des situations de dépendance ou d'esclavage, qui nous amènent à dénoncer le manque de liberté. De même, on peut qualifier analogiquement de manque de liberté la domination de la femme par l'homme et aussi la domination des systèmes naturels ou de la nature par les humains. Dans ce sens, il semble souvent que la nature physique doive être libérée de notre emprise mauvaise. Les mouvements écologiques ne cessent de hisser le drapeau de la liberté pour revendiquer le respect des divers écosystèmes. Ainsi, nos expériences de liberté ou de manque de liberté et celles des autres ont une racine commune que nous, humains, avons développée. Cohabitent paradoxalement en nous à la fois un désir de liberté et une tendance à la soumission. La même histoire humaine révèle, d'une part, cette sorte d'attrait que nous éprouvons à nous soumettre à un leader, à un chef spirituel ou politique, à un partenaire ou à Dieu. Et, d'autre part, nous découvrons en nous des forces d'autonomie, d'auto-affirmation, d'émancipation de toute forme d'emprise de l'autre sur nous. Nous cherchons à affirmer notre autonomie tout en sachant que nous avons tendance à dépendre des autres. Nous sommes comme tiraillés entre ces deux extrêmes qui semblent être des réalités constitutives de nous-mêmes.

Nous réalisons ainsi que ce droit universel à la liberté est complexe et n'a de réalité historique que dans des expériences personnelles et contextuelles qui participent du processus toujours changeant de l'univers et de notre histoire. C'est bien à cause de cela que le centre de notre réflexion sera non seulement les expériences de liberté mais aussi le processus d'identification de ces expériences. Il s'agit de reconnaître que certains chemins, certaines expériences ou actions sont des événements liés à ce *quelque chose* ou à cette valeur qu'on appelle la liberté. La liberté nous apparaîtra comme *quelque chose* qui est à la fois souhaitable et possible au milieu des événements courants de la vie. Elle nous apparaîtra comme une valeur indispensable dans nos relations ou comme une valeur à chercher et à défendre, même quand elle se déguise sous la figure de la propagande. C'est parce que nous en faisons l'expérience d'une façon ou d'une autre ou parce qu'elle nous apparaît comme une expérience désirable que nous pouvons décrire la liberté, même si cette description comporte des limites et des contradictions.

Au point de départ de ma réflexion, je fais l'hypothèse suivante: la liberté n'est pas seulement le point d'arrivée d'un projet politique libérateur dans lequel nous

nous sommes engagés; elle n'est pas seulement le résultat d'un combat particulier, mais un chemin continu et même ambigu, au sein de la vie de tous les jours. En d'autres termes, elle n'est pas la projection de l'avènement de la «liberté, fraternité et égalité» comme une fin de l'Histoire ou de la société sans classes réconciliée avec elle-même. Néanmoins, elle semble être le combat de résistance que nous menons dans le quotidien contre les forces sociales ou autres qui nous empêchent de vivre avec dignité. Sans oublier les forces en nous-mêmes qui nous entraînent vers une forme ou l'autre d'esclavage. Je répète qu'il s'agit de forces en nous-mêmes, c'est-à-dire de forces négatives de destruction qui nous habitent, qui proviennent de notre histoire personnelle et nous empêchent souvent d'avancer. Et nous ne pouvons pas les oublier ou les éteindre comme nous éteignons un incendie, parce qu'elles sont de nous et en nous de façon constitutive. Il faut les équilibrer, les accueillir dans leur complexité étourdissante comme du négatif capable de provoquer l'avènement des forces constructives, d'agrégation et d'espérance.

Ma réflexion s'annonce déjà comme étant de nature philosophique, même si j'emprunterai parfois des chemins théologiques et autres pour montrer la complexité et la diversité de cette expérience. Il ne s'agit pas de réfléchir à partir d'un système déterminé, mais d'accomplir une démarche philosophique enracinée dans notre existence. Philosopher à partir de notre existence, c'est prendre le temps de penser notre vie en partant de ce qui nous est donné au quotidien. Philosopher, c'est s'approcher de la sagesse de l'existence, comme on s'approche des amies et amis pour mieux les connaître. Philosopher, c'est oser ouvrir un dialogue avec nous-mêmes sur les valeurs qui nous soutiennent et sur la vie elle-même, et c'est essayer de partager ce dialogue avec d'autres. Cela concerne l'acte de penser sa vie. Penser sa vie, c'est essayer autant que possible de la prendre en main et de donner à notre monde de relations une certaine direction réfléchie, tout en sachant que parfois son sens nous échappe, qu'il nous arrive de nous égarer et que le désespoir peut nous atteindre. La philosophie devient ainsi un acte démocratique et non pas le métier d'une élite de penseurs seulement. La philosophie devient une capacité propre à tout être humain désireux d'essayer de mieux comprendre sa propre vie. Elle n'est cependant pas une activité spontanée comme le besoin de manger, de boire ou de respirer. C'est un acte choisi et cultivé, même s'il se situe au niveau le plus simple de l'existence. On entend souvent parler, par exemple, de la philosophie du peuple ou de personnes sans grande formation intellectuelle. Leur pensée révèle une sagesse de vie apprise par le travail quotidien, par les joies et les souffrances, par une habitude de réfléchir sur ce qui arrive soudainement ou qui suscite l'étonnement dans le quotidien souvent monotone de la vie. Je pense à une chiffonnière de São Paulo qui, après une journée de travail dans les rues à la recherche de cartons, s'asseyait à la lumière d'un poteau pour écrire son Journal. Pour elle, c'était là une manière de penser sa vie et de transcrire son histoire sans importance pour l'ensemble des gens[11]. Dans sa détresse, elle affirmait sa dignité et son désir de se connaître et de connaître son monde. La philosophie sort alors des milieux reconnus de production de la pensée et se montre ailleurs, dans les marges de la société, même si on ne l'identifie pas comme telle. Elle participe de l'exclusion sociale de celles et ceux qui, à partir de leur détresse, osent penser la vie.

Je vous invite donc à faire une philosophie de la liberté de tous les jours. Je vous invite à parcourir, par la mémoire et la pensée, les chemins de votre vie afin d'y reconnaître les expériences qui vous permettraient de dire: «Voici, ceci ressemble à une quête de liberté!» Je vous livre ici quelques pistes pour essayer de déblayer le terrain et avancer dans ce travail personnel.

Je suis convaincue que nos expériences de liberté ont une identité plurielle: la même expérience peut, à certains moments de notre vie, être source de liberté et, à d'autres moments, nous apparaître comme quelque chose de moins libre. Ce que nous appelons «liberté» est marqué par l'ambiguïté de notre existence et de nos interprétations, par les divers moments de notre vie et de l'histoire humaine. Non seulement la liberté est-elle marquée par notre ambiguïté, mais elle l'est aussi par l'ambivalence des choses et des événements qui font partie de notre personne et du monde.

Ce qui, pour certains, est une expérience de liberté ne l'est pas pour tous/toutes. Tout dépend de chaque personne ou de chaque groupe. C'est bien à cause de cette diversité que, pour le moment, je ne précise pas le sens du terme «liberté». Tous/toutes, nous avons une compréhension familière, je dirais même spontanée, de ce terme. Au fond, nous savons plus ou moins de quoi il s'agit. Et, dans ce processus initial d'appréhension des expériences de liberté, il est salutaire d'en rester là provisoirement; il est souhaitable d'accueillir ce mélange de savoir et de non-savoir, de certitude et d'incertitude dans la connaissance et la pensée parce que cette inconstance et cette mobilité de sens sont des caractéristiques propres de ce que nous appelons la «liberté».

Le mot «liberté», nous l'avons sur les lèvres presque tous les jours et à toute heure. Chacun/chacune le revendique pour essayer d'exprimer ce que devrait être la vie des gens ou sa propre vie dans le quotidien. Souvent nous passons des petits aux grands désirs de liberté. Nous passons de notre maison, de notre travail, aux grands enjeux du monde, en quête de quelque chose d'autre, de meilleur, de plus cohérent avec nos valeurs. Ce que nous savons de la liberté réside davantage, semble-t-il, dans «ce qui devrait être», dans ce qui semble être le contraire de cette souffrance ou de cette situation douloureuse que nous vivons et qui nous fait mal. Nous possédons l'extraordinaire capacité d'imaginer que les choses pourraient être différentes de ce qu'elles sont dans le vécu actuel. Le désir de liberté, celui d'échapper à une situation d'oppression nous rend capables d'imaginer notre vie autrement. La liberté se présente donc comme un salut, comme une nécessité de dépasser une expérience d'esclavage au sens large. Le cri pour la liberté sort donc de la souffrance aux mille visages et aux mille couleurs. Il se fait entendre dans le clair-obscur de la conscience personnelle et collective. Le cri de la liberté, c'est le cri de notre finitude, et partant, il inclut les conséquences historiques de cette condition. Notre condition d'êtres finis enveloppe nos désirs et nos combats des limites de toutes sortes qui lui sont inhérentes.

La liberté c'est, dans ce sens, ce à quoi on aspire de différent du vécu quotidien, même si on ne sait pas exactement ce que c'est. Quand la routine du quotidien nous emprisonne ou quand manque la perspective d'un avenir prochain plus joyeux, nous aspirons à la liberté. De même, quand nous ne voulons pas de ce qui est, quand nous refusons ce qui nous arrive d'écrasant dans l'immédiat, nous faisons appel au mot «liberté». Nous l'identifions avec ce désir de changer une situation qui pèse trop lourd sur nos cœurs ou sur nos épaules. Nous reconnaissons là notre désir de liberté et nous voulons l'actualiser ici et maintenant.

Ces expériences simples et plurielles m'apprennent que nous sommes *libres* de changer le monde, au moins sur le plan mental, sur celui de l'imagination, du désir, des souhaits. Sans cela, nous n'aurions aucune possibilité de réagir à notre monde, de vouloir changer des situations en vue de notre bonheur immédiat. Ce mouvement de notre être vers autre chose que lui-même semble être constitutif de toute femme et tout homme.

Ce mot «liberté» peut aussi être utilisé comme un piège par les détenteurs des pouvoirs politiques, économiques et religieux. Tandis qu'ils se targuent d'être les garants de la liberté des autres, dans les faits, leurs propositions de liberté peuvent représenter un esclavage encore plus grand. L'aspiration à la liberté peut être utilisée comme une arme contre la liberté effective des gens. Il nous suffit de lire l'histoire des luttes actuelles dans certains pays pour se débarrasser d'un dictateur. Il arrive souvent qu'une fois la victoire acquise, l'autoritarisme s'instaure sous d'autres formes même si, publiquement, il fait montre de plus de souplesse et de sympathie. Les pouvoirs politiques et autres peuvent utiliser des artifices et des mensonges pour nous donner l'illusion de la liberté. Nous ne sommes pas protégés des nombreux pièges tendus par les autres et par nous-mêmes.

Les moyens de communication sociale peuvent, à leur tour, détourner notre désir de liberté au service du profit capitaliste, qui cherche à l'exploiter pour son propre bénéfice. Par la propagande, on peut nous faire croire que l'acquisition de certains produits constitue une forme de liberté ou que tel candidat aux élections municipales ou nationales est le meilleur. On peut utiliser les valeurs et les énergies humaines dans toutes sortes de directions. Autrement dit, notre désir de changement, notre aspiration à la liberté peut tomber dans les mailles du mensonge et d'un autre modèle d'oppression. Cela fait partie du risque de notre condition de personnes en quête de liberté. La liberté c'est fragile et c'est fort en même temps.

Rappelons aussi, dans la même perspective, que les diverses religions proposent la liberté à leurs adeptes. Pourtant, il arrive souvent que cette liberté à laquelle on aspire se révèle impossible en raison des diverses formes de contrôle qui l'accompagnent. Lois, préceptes, pratiques et recommandations s'accumulent comme de la poussière sur un meuble et finissent par nous empêcher de vivre la liberté, qui se cantonne dans le désir.

Le terme «liberté» a donc plusieurs significations, en fonction de nos expériences. À chaque moment de notre histoire et de l'histoire du monde, la liberté prend un visage différent. Il semble qu'elle soit à la fois une et multiple. Il semble qu'elle soit d'hier et de demain, même si on ose parfois en parler au présent. Néanmoins, nous le savons, conjuguer la liberté au présent c'est toujours un risque. C'est risquer de la posséder, d'en faire un dogme et un acquis à défendre à jamais. Alors, elle perd sa capacité d'inspirer l'avènement du neuf et du différent qui sont toujours nécessaires au maintien de la vie.

Dans le présent, la liberté est toujours tendue vers l'avenir comme si l'avenir lui donnait sa consistance et son prochain visage. L'expression «Je suis libre» exige d'être utilisée avec circonspection. Il est préférable de considérer que l'on est en processus de libération. Car la liberté n'est jamais totalement acquise. Elle est toujours en mouvement, toujours en devenir, toujours en construction, toujours à nous faire rêver plus loin. Elle suit le mouvement ou le processus de toute notre vie et se renouvelle chaque jour, à chaque génération et en chaque culture.

La liberté fait partie de notre condition humaine, de notre condition de personnes qui pensent la vie et la vivent au milieu des multiples relations. Elle peut porter des noms différents et s'exprimer de diverses manières, mais chacun/chacune en a une compréhension spontanée et lui donne une signification plus ou moins consciente suivant les contours de son histoire personnelle.

La liberté, ce n'est pas seulement une idée, qu'on peut imaginer, sur des choses idéalement merveilleuses. Par exemple, un monde de fraternité et de sororité universelles ou un monde sans injustices sociales ou encore un monde de paix totale. La tradition chrétienne a développé des mythes de fin des temps selon lesquels nous serons enfin libérés des diverses contraintes de notre condition humaine. Il s'agit là de projections de notre subjectivité sur lesquelles nous n'avons aucune prise. Nous nous projetons dans un monde au-delà de nos possibilités réelles, au-delà de nos rêves historiquement situés, pour parler ou entendre parler de choses qui nous bercent de l'illusion d'un retour à un monde enfantin, harmonieux, sans conflit, donc irréel. Comme les contraintes présentes nous privent de la possibilité de vivre un certain bonheur, nous projetons celui-ci en dehors de nous-mêmes et faisons de cette projection rêvée notre horizon de bonheur. Ces rêves religieux peuvent parfois nous aider, mais ils peuvent aussi tromper notre quête de liberté et contribuer à notre auto-aliénation. Tout dépend de la façon dont nous nous situons par rapport à eux.

Je préfère considérer la liberté comme une valeur de notre histoire, de cette existence qui nous est donnée. Dans ce sens, elle fait partie de la réalité concrète de chaque jour. Elle a une histoire personnelle et collective. Elle touche toutes les dimensions de notre corps: le corps comme relation, le corps comme pouvoir, le corps comme plaisir, le corps comme avoir, le corps comme valeur, le corps comme langage, le corps comme respiration dans le temps et l'espace au quotidien.

Nous sommes confrontés quotidiennement aux forces de cruauté, petites ou grandes, qui nous enferment dans les souterrains de l'esclavage et, ainsi, nous portent à nier notre propre liberté. Et c'est bien pour cela qu'il faut essayer de vivre et de penser la liberté au quotidien. Le quotidien n'est pas nécessairement l'instant immédiat, mais c'est notre environnement actuel, notre situation présente, notre histoire d'aujourd'hui avec toutes ses contraintes et possibilités. Alors, c'est dans ce quotidien qu'il faut espérer commencer à vivre la liberté quelle que soit l'ampleur de nos projets ou de nos désirs. C'est dans notre travail actuel ou dans notre situation actuelle de chômeur, c'est avec ce parti au pouvoir ou contre lui, qu'il faut essayer de reconnaître les traces de liberté ou du manque de liberté. Le quotidien, c'est aussi mon corps affamé, mon corps malade, mon corps douloureux, mon corps vivant de plaisir, mon corps rempli d'espérance à travers tout ce qui lui est donné de vivre.

On peut penser et rechercher la liberté, mais on peut aussi l'oublier au fond d'une habitation inconnue, dans un coin inaccessible de notre existence humaine. La liberté, cette perle recherchée, ne fouette pas le désir de tout le monde de la même façon. Son intensité diffère selon la diversité des existences et des contextes historiques. C'est bien pour cela qu'il faut souligner les interactions entre différents facteurs — économiques, idéologiques, sociaux et psychologiques — dans l'ensemble des choix humains. Il y a des personnes qui parlent au nom de la liberté de tout le monde et pour tout le monde. Il y en a d'autres qui se laissent vivre sans penser à ce qu'est la liberté. D'autres encore sont tellement marginalisées par la souffrance et l'exclusion, qu'elles ont perdu complètement les moyens de retrouver leur humanité et se contentent tout simplement de vivre ou de se laisser vivre.

Sur la liberté, on peut parler ou se taire, et les silences aussi sont des expériences significatives dont il faut saisir la complexité. C'est comme si l'énergie d'un peuple ou notre propre énergie se trouvait dans l'impossibilité de se traduire en créativité. C'est comme si nous avions oublié pour un moment le chemin de chez-nous et vivions comme des étrangers dans notre propre patrie. Quand la misère est trop grande, elle tend à accabler à un tel point la personne que celle-ci perd ses moyens et ses énergies pour réagir! Quand la douleur est trop poignante, elle peut amortir toute notre créativité! Même si cela est vrai, il faut reconnaître que nous sommes parfois invités à réfléchir plus particulièrement à notre histoire de liberté par des événements ou à l'occasion de souffrances précises. Ce qui renvoie de nouveau au pluralisme des quêtes, des interprétations et des réponses.

Ce déblayage de terrain a permis, je pense, de montrer dans ses grandes lignes la complexité de ce que nous appelons des «expériences de liberté». L'expérience nous a ramenés dans le terreau de la vie quotidienne, dans un espace et un temps précis, vécus par des personnes concrètes. L'expérience suppose qu'il y a implication personnelle et collective dans l'événement de liberté ou de manque de liberté. L'expérience, c'est ce qui nous permet, en tant que sujets, de vivre et de prendre conscience des événements de notre propre histoire. L'expérience, c'est aussi ce que nous sommes parfois tentés d'opposer à la théorie, comme si les théories étaient des pensées en dehors de la vie concrète. Certaines théories sont effectivement loin de notre quotidien, mais d'autres n'ont comme nourriture que l'observation de la vie telle qu'elle se présente au jour le jour.

Sur la même lancée d'idées, on peut considérer que «l'expérience», c'est quelque chose qu'on évoque lorsqu'on dit: «J'ai goûté de ce bon vin, je l'ai expérimenté» ou: «J'ai fait l'expérience de la faim, je l'ai vécue dans mon enfance» ou: «La prison, je sais ce que c'est, j'en ai fait l'expérience pendant 5 ans.» Ou encore, on évoque l'expérience d'avoir aimé et d'avoir ressenti l'amour de l'autre avec les joies et les souffrances que cela représente. Dans un sens, quand je dis «expérience», je fais référence à mon intériorité, à ma subjectivité, à mon existence même, j'évoque une réalité dont je peux parler d'autorité à cause de mon vécu personnel.

L'expérience est donc, dans un premier temps, liée à la personne qui la raconte. Ce peut aussi être l'expérience des autres, que j'ai partagée, étudiée et interprétée. Dans ce cas précis, c'est l'expérience d'autrui que je partage à travers la narration orale ou écrite qu'il/elle en fait. On l'appelle une expérience indirecte ou de second degré. Les expériences des autres, passées ou contemporaines, peuvent nous apprendre quelque chose sur notre propre expérience. Elles répondent en quelque sorte à une exigence humaine d'autopréservation qui traverse toutes les générations, comme celle d'éprouver son appartenace à un groupe, à une tradition, à une histoire, à une famille, à un pays. Ce sont les données fondamentales d'une histoire, que ce soit celle d'une quête de liberté ou celle d'une soumission.

Un autre point important: expérimenter c'est interpréter, c'est-à-dire que l'interprétation est inhérente à l'expérience au point que, souvent, il semble que nous ayons oublié l'événement originel de notre vécu. Nous nous rendons compte à quel point le passé nous échappe et combien nous sommes des êtres d'interprétation. Tout ceci est inévitable parce que c'est notre manière d'être au monde: ce sont les interprétations qui restent dans notre mémoire quand le temps se charge d'effacer la beauté ou la cruauté vécue par nos corps. Ce sont les interprétations qui habitent notre mémoire et nous font parfois frissonner de joie ou de terreur. C'est par nos interprétations que nous nous comprenons nous-mêmes et que nous comprenons les autres ainsi que la politique, l'économie, la religion.

Dans ce sens, l'expérience de chacun/chacune contient beaucoup de choses vécues en même temps. Même s'il s'agit d'événements collectifs, le «je» a son histoire, ses réflexions, ses rencontres, ses interférences de toutes sortes. Le «je» et le «nous» d'hier et d'aujourd'hui semblent s'entremêler, mais c'est toujours le «je» qui expérimente, qui interprète et qui raconte avec ses couleurs propres.

L'expérience, c'est aussi une ou des interprétations d'un même événement, collectif ou individuel, exprimant différents aspects de notre vécu. Essayons de préciser davantage comment, en tenant compte de tout ce qui précède, on peut identifier l'expérience de la liberté. Il me semble qu'il existe un *quelque chose*, qui nous amène parfois à identifier une note, une odeur ou un fil fragile comme ce qu'on appelle «liberté». Par où commencer ce processus d'identification? Certainement pas par une analyse scientifique visant à déterminer un ou des éléments qui permettraient d'identifier la liberté comme on reconnaît une chose ou une personne. Les pistes d'identification possibles commencent par l'élément, lui-même complexe, qu'est notre condition humaine. C'est d'abord le *sentiment* ou l'émotion, qui s'exprime sous forme de douleur corporelle et de douleur de l'âme ou par l'impression de manquer de quelque chose d'essentiel à ma vie, qui me pousse à essayer de m'en sortir et à me libérer de ce qui me dérange ou me pèse. La liberté apparaît ainsi comme une expérience de soulagement d'une situation oppressive. C'est un soulagement, peut-être momentané et fragile, mais il suffit à nous faire éprouver l'existence de quelque chose d'autre que l'oppression.

Concrètement, c'est par la libération sous diverses formes qu'on fait l'expérience de la liberté. Ainsi par exemple, des femmes ont affirmé en avoir fait l'expérience quand elles se sont senties libérées de la tutelle parentale, quand elles sont arrivées à dénoncer la violence domestique dont elles étaient victimes, ou encore quand elles ont pu faire des études. D'autres se sont senties libres ou momentanément libérées quand elles ont trouvé du travail, quand elles ont pu quitter leur pays d'origine en quête d'une terre d'accueil pacifique, ou quand elles ont guéri d'une maladie. Ce sont des expériences qui comblent jusqu'à un certain point l'impression de manque qu'on ressentait auparavant. Le même soulagement peut être éprouvé par un groupe qui, par exemple, réussit à se libérer de la tutelle d'un dictateur ou d'un inquisiteur dont la présence coercitive atteignait aux limites du supportable.

Le *sentiment* est le point de départ capable de déclencher le procès de la liberté et le processus de reconnaissance de l'expérience de liberté. Si tu ne sens pas l'esclavage et si tu ne le reconnais pas comme tel, tu ne pourras pas t'en libérer. Si tu ne sens pas le poids de certaines habitudes culturelles nuisibles, tu ne pourras pas les changer. Ce sentiment n'est pas isolé du reste de l'expérience personnelle et collective. C'est même lui qui déclenche le processus de réflexion et une action pour essayer de s'en sortir. C'est le sentiment individuel qui provoque le sentiment collectif et par conséquent des réactions collectives. Une grève d'ouvriers concerne des lacunes objectives dans les conditions de travail, mais il faut les sentir dans sa peau, il faut pouvoir les reconnaître et les nommer collectivement.

Le *sentiment* est donc un médiateur entre moi et moi-même, entre moi et le monde de mes relations. Il ne s'agit pas de réduire l'expérience d'esclavage ou de liberté au sentiment mais de considérer l'importance de ce dernier dans l'ensemble de notre existence. Le sentiment, à ses différents niveaux, fait partie de notre processus de connaissance, de notre pensée et de toutes nos relations. Il est capable de déclencher la pensée, l'amour, la quête de justice, la solidarité.

Notre réflexion sur nous-même est ancrée sur des expériences de vie, et partant, sur des sentiments de notre existence. C'est à partir de mon malaise que je trouve des moyens pour m'en sortir. Et je m'en sors ou je ne m'en sors pas. Si je m'en sors, je tomberai inévitablement dans d'autres malaises, différents sans doute, mais qui sont toujours une invitation à m'en sortir de nouveau. Il s'agit donc d'un processus existentiel illimité de quête et d'issue, à la recherche de mon bien-être ou du bien-être commun.

Nous vivons toujours tendus vers l'être que nous ne sommes pas, vers les biens que nous n'avons pas, vers le monde qui n'est pas le nôtre, vers l'amour idéal que nous voulons vivre, vers le bonheur que nous ne savons pas exprimer, vers les surprises de la vie. C'est dans cette tension vers ce qui est qualitativement meilleur, que se situe ce *quelque chose* que nous appelons la «liberté». Mais ce quelque chose de fragile n'est liberté qu'à la condition d'être affirmé, reconnu, identifié, aimé, même si ce n'est que provisoirement. Et plus que cela, le désir comme liberté doit être ancré, autant que possible, dans les conditions réelles de notre histoire pour que l'expérience de liberté produise un changement effectif. Affirmer cela, c'est essayer de nous mettre à l'abri des mensonges que nous sommes capables de nous raconter et de raconter aux autres pour parvenir à nos fins. Je pense, par exemple, aux mensonges de ceux et celles qui investissent dans les armements au nom de la paix dans le monde. Au fond, ils savent que les armes n'apporteront pas la paix, mais ils utilisent des artifices de toutes sortes, des pièges sans doute, pour convaincre la foule de leur profond désir de liberté pour tous.

La liberté n'est jamais définitivement acquise. Elle est un ingrédient fondamental de notre vie, comme la souffrance, le malaise ou le manque de quelque chose d'essentiel. Elle se réveille et s'endort. Elle naît mais peut mourir et renaître à nouveau dans une même existence.

L'être humain, disent les philosophes, est cette ouverture à... , une ouverture qui date du premier cri de l'enfant naissant. Il est toujours à la recherche de choses pour combler le vide qu'il porte, le manque de biens, de valeurs et de sens qui le caractérise, et pour échapper à l'insécurité qu'il vit.

L'expérience de liberté est indissociable du sentiment et de l'expérience d'un manque de liberté. Et ce processus se renouvelle continuellement dans l'Histoire et dans notre histoire. Un pays qui devient libre du joug colonialiste d'un autre s'est libéré de ce joug précis, mais pas des autres qui surviennent tout au long de son histoire. On peut assouvir une soif d'eau aujourd'hui, à cette heure-ci, mais elle reviendra un peu plus tard. C'est cela la dynamique de notre existence et celle de notre quête de liberté.

Au fond de toute expérience de liberté se trouve le désir de déterminer son existence par ses propres possibilités et moyens. Et ces possibilités sont individuelles et collectives; elles sont situées dans le temps et l'espace, colorées par nos différentes cultures. Quelque chose en nous, un mouvement intérieur lié à des situations extérieures, nous invite à respirer par nos propres moyens, à identifier cette respiration comme étant la liberté. Dans ce sens, la liberté est la source d'où surgissent toutes les valeurs et toutes les significations de notre existence.

On ne peut pas parler de valeurs assumées si les gens ne sont pas capables de se former et de s'éduquer pour les choisir. Et c'est bien pour cela que les grandes traditions de sagesse et les traditions religieuses parlent de l'appel de la liberté. Pour répondre à cet appel, il faut nous mettre en chemin sans savoir d'avance ce que nous allons trouver. La liberté devient ainsi un chemin, une route, un sentier sur lequel nous marchons. Et, sur cette route, il existe des moyens pour reconnaître, dans nos propres expériences de vie, les signes de la liberté. Ces moyens varient selon nos modèles de société, nos histoires et nos cultures. C'est cette reconnaissance qui nous donne la force de recommencer la quête de nouvelles libertés. Une telle quête sans fin rend la liberté toujours désirable. Elle nous habite et respire en nous. Nous l'habitons et respirons en elle comme un milieu de vie qui nous humanise, qui nous unit les uns aux autres et qui, d'une certaine façon, distingue la vie humaine des autres formes de vie. Il faut intégrer cette quête de liberté dans notre chair et dans notre esprit; il faut la développer dans l'Histoire, la faire grandir, lui permettre de s'ajuster à la diversité des situations et des personnes, dans le respect indissoluble de soi-même et de l'autre.

Note

[11] Carolina Maria de Jesus, *Le dépotoir*, Paris, Éd. Stock, 1962.

3

MULTICULTURALISME ET LIBERTÉ

Dans son livre *Community - Seeking Safety in an Insecure World*[12], Zygmunt Bauman considère que, pour certaines classes sociales, le multiculturalisme constitue la réponse la plus commune et sans doute simpliste aux incertitudes de notre monde, surtout en ce qui concerne les valeurs et le bien commun. Pour lui, les intellectuels ne savent plus que dire sur la condition humaine et cherchent dans l'appel au multiculturalisme une idéologie sans idéologie[13]. Cet auteur dénonce un certain air de résignation dans la plupart des théories sur le multicultura-lisme ainsi qu'une impuissance des États devant ce nouveau modèle de monde globalisé. On prône ainsi une sorte de «débrouille-toi tout seul» dans lequel tout est permis à la condition de profiter aux minorités dominantes. On ne se soucie plus réellement de l'autre différent de soi, vivant sur la même terre, possédant des droits et en quête du bonheur. Par conséquent, la seule concession qu'on fait à l'autre, du moins théoriquement ou dans les discours politiques, c'est celle de sa différence qu'il peut affirmer dans une certaine mesure, mais sans pouvoir s'appuyer sur une approche éthique commune de base ni sur la mise en place d'une politique favorable au bien de l'ensemble de la communauté humaine. À partir de cette perspective critique, la vigilance s'impose face aux grands concepts qui semblent proposer des solutions magiques aux nouveaux problèmes de notre monde.

Les théories et certaines politiques sur le multiculturalisme cachent souvent des formes effectives de domination et d'exclusion sociale. Au nom de conceptions impérialistes et économiques de la culture, on finit par effacer l'originalité des autres et celle de chacun de nous. C'est pourquoi je pense que, dans ce contexte particulier d'un monde qui se veut multiculturel et qui s'affirme comme tel, nous sommes invités à situer de nouveau notre quête et notre vécu de liberté. Quelles formes cette quête et ce vécu de liberté peuvent-ils prendre dans ces nouveaux scénarios du monde? Comment en saisir les multiples visages et garantir un «vivre ensemble» respectueux, essentiel à notre humanité? Pourquoi faut-il aujourd'hui articuler la question de notre quête de liberté avec le problème du multiculturalisme dans lequel nous vivons, un multiculturalisme effectif pour certains et virtuel pour d'autres? La réponse qui vient spontanément à l'esprit, c'est qu'il est nécessaire de respecter les diverses cultures humaines, qui forment le puzzle de nos sociétés, et que ce respect est l'unique chemin d'un «vivre ensemble» possible.

Les diverses histoires nationales et les discours nationalistes nous ont donné l'impression que, malgré les échanges indispensables entre les cultures, chacune d'elles jouissait d'une certaine autonomie et d'une unité qui était plus ou moins respectée. Les choses sont différentes dans le contexte actuel, où nous sommes physiquement plus proches des autres, même si notre contact avec eux se limite souvent à la seule présence physique. L'autre, qu'il soit proche ou éloigné, vit dans ce même village planétaire qui est le nôtre. Dans le contexte mondial actuel, nous avons l'opportunité de connaître les autres de diverses manières, même si ce n'est que superficiellement, et en même temps, nous sommes incités à nous défendre d'eux. Nous approchons l'autre en ayant peur de perdre ce que nous considérons comme nôtre ou de nous faire voler par lui. Alors souvent, pour faire valoir notre droit à la différence, nous nous érigeons en norme pour les autres, et nous attendons d'eux qu'ils deviennent comme nous ou qu'ils s'en aillent. Cette attitude prévaut aux divers échelons de la société, mais surtout dans les classes qui jouissent d'un plus grand pouvoir de décision ou de consommation.

On constate aujourd'hui une mobilité des gens sans précédent, surtout dans les grandes villes du monde, avec ce va-et-vient des personnes qui se déplacent en peu de temps dans des espaces variés. Chaque personne ou chaque groupe transporte avec soi ses bagages, ses valeurs, ses croyances et les vit parmi les autres. Dans le passé, nous avons connu des processus de rencontre et de changement entre personnes et groupes. Que ce soit par la domination des pays colonialistes ou par des rencontres interpersonnelles, il y a eu échange de connaissances et partage de modes de vie. Le colonisateur imprimait son visage propre, ce qui permettait, par exemple, de distinguer la colonisation française de l'anglaise, l'espagnole de la portugaise et ainsi de suite. De même, l'art, les fêtes, la nourriture de chaque région se manifestaient de manière spécifique. Aujourd'hui, il semble qu'une sorte de dénominateur commun unifie les différences en les supprimant ou en les intégrant dans un discours économique global. Il semble que ce soit l'économie de marché qui gère les processus de multiculturalisme en vue d'une culture plus globale. On en vient donc à douter de certains discours simplificateurs qui font miroiter l'image de communautés idylliques manifestant en leur sein la richesse des divers groupes et personnes. Dans quelle mesure cela est-il possible quand on pense à l'envahissement de notre vie par la technologie moderne qui modifie complètement les rapports interpersonnels?

Dans ce monde globalisé, le multiculturalisme doit sans doute compter avec l'imposition à l'ensemble de la planète d'une culture et d'une économie uniques. Par conséquent, les cultures périphériques sont réduites à du folklore ou elles sont vouées à une violente destruction. Périphériques, certaines cultures le sont également au sein d'un même pays. Le multiculturalisme est un phénomène interne qui, depuis le début de l'organisation politique d'une nation, exprime la diversité effective de la population qui la compose. Je pense particulièrement à mon pays, le Brésil, avec les différences significatives entre ses régions, sans parler des groupes divers d'immigrants qui s'y sont multipliés à partir du XIXe siècle. Ce phénomène montre avec évidence que les cultures originaires des régions plus riches économiquement s'imposent et réduisent les autres à la dépendance quand ce n'est pas à l'extinction. On retrouve ici la même logique qui détermine les relations entre les divers échelons de la société.

Le multiculturalisme nous rappelle que la condition humaine est complexe et que cette complexité se reflète dans les différents aspects de nos organisations humaines. De tout temps, nous avons côtoyé notre voisin, proche ou lointain, et l'avons considéré soit comme un ami, soit comme un ennemi. Nous avons célébré des mariages ou érigé des interdits. Nous avons tissé des liens de toutes sortes et nous avons essayé de communiquer ensemble malgré nos langages différents. Dans le même ordre d'idées, le développement actuel des moyens de communication a un lien avec le multiculturalisme. Par les programmes que diffusent les médias, des événements concernant des horizons culturels autres que le nôtre nous atteignent jusque dans nos maisons, favorisant ainsi un important échange de connaissances. Cependant, le principe unificateur de cet échange culturel, à savoir le profit, n'est pas souvent avoué. Il ne s'agit pas d'introduire l'autre chez nous comme un prochain avec lequel nous sommes invités à bâtir des relations ou à partager ce que certains auteurs ont appelé la richesse de l'interculturalisme, un événement inédit dans l'histoire de la terre. Dans la culture globalisée, l'autre nous arrive sous la forme d'une série télévisée pour assouvir notre soif de nouveauté ou comme un divertissement. En un sens, l'autre est un produit que nous achetons aux grandes chaînes de diffusion de la culture. Ici, le mot «culture» fait référence à un «produit», une marchandise sur le grand marché mondial. Nous avons notre culture, mais nous connaissons celle des autres par la télévision et par des vidéos, surtout dans leurs aspects les plus folkloriques. La distance qui nous sépare est médiatisée par l'écran. Les autres s'approchent de nous dans la mesure où nous leur en donnons la permission: c'est nous qui ouvrons la télévision et visionnons le programme. Nous ne pouvons pas sentir leur odeur, ni leur poser directement des questions. S'ils nous dérangent trop, il suffit de changer de chaîne ou de fermer l'appareil. Du moins sommes-nous ainsi amenés à affirmer qu'ils existent, qu'un monde plus large et différent du nôtre est là, et que, par lui, de multiples interprétations et interpellations nous atteignent. Sans doute aussi sommes-nous redevables à l'écran de télévision de quelques initiatives d'engagement envers les autres, pour leur dignité.

Ainsi, par les moyens de communication, le multiculturalisme aussi est à l'ordre du jour, favorisant une meilleure compréhension de la réalité culturelle de chaque groupe humain et des individus qui le composent. Cependant, chaque groupe ne jouit pas d'une égalité de droits et de relations avec les autres groupes et cette égalité n'existe pas non plus entre les membres d'un même groupe. Néanmoins, le mot d'ordre est celui du respect des différences, des cultures. Et ce mot d'ordre s'impose devant l'échec des nations, des États, des organismes politiques internationaux, des Églises et même des syndicats à instaurer un pouvoir qui serve effectivement le bien commun. Nous sommes au cœur de la question du pouvoir et de la liberté. Comment pouvons-nous vivre librement dans un monde où les règles du jeu sont imposées d'avance sans que nous puissions voir le visage de ceux qui les établissent? Comment saisir notre désir de liberté quand nous sommes contraints à suivre la volonté du dieu du profit économique? Le discours sur le multiculturalisme peut jeter de la poudre aux yeux quant à la reconnaissance de la citoyenneté pour toutes les femmes et tous les hommes de la planète. Dans les faits, cette reconnaissance n'existe pas. La vie de la majorité des habitants de la terre est menacée par un système de profit au service d'une minorité. C'est bien à cause de cela que toute réflexion sur le multiculturalisme devrait nous amener à trouver des formes de vie collective qui favorisent le respect mutuel et la créativité, et non seulement à nous perdre dans de belles idées de fraternité universelle.

Par ailleurs, un certain visage du multiculturalisme, associé à l'économique, est particulièrement cruel: celui de la main d'œuvre à bon marché que les pays industrialisés peuvent acheter pour leur propre bénéfice. C'est ainsi que des pays ouvrent leurs portes à des ouvrières et ouvriers saisonniers qui, une fois les services rendus, doivent rentrer chez eux ou sont condamnés à vivre illégalement dans le pays d'accueil jusqu'à la prochaine saison. Et ce, sans parler, comme je l'ai souligné plus haut, du multiculturalisme interne aux pays qui se sont constitués en nations à partir de la jonction de divers groupes culturels. Ici aussi des situations terribles d'injustice nous font trembler, des situations de mépris de ceux et celles qui sont différents d'abord par leur pauvreté et ensuite par leur style de vie, leurs habitudes et leur histoire. Les préjugés, la xénophobie entre les habitants d'un même pays sont à l'ordre du jour. La presse brésilienne, par exemple, a longuement parlé d'un groupe de jeunes de la classe moyenne qui pour s'amuser ont mis le feu au corps d'un autochtone endormi sous un abribus à Brasilia. Ici, la question du multiculturalisme rejoint celle de l'éthique et du droit, et révèle son énorme complexité.

Avant d'entrer directement dans l'analyse du multiculturalisme en rapport avec l'affirmation de la liberté, il faut tout d'abord nous rappeler la complexité du mot «culture». Puisque nous parlons de multiculturalisme, entendons-nous d'abord sur le mot «culture», pour mieux cerner le préfixe «multi» qui en oriente le sens.

Il y a, nous le savons bien, une multiplicité de définitions de ce qu'est la culture. Et chaque définition met différemment en rapport les personnes, les fonctions sociales et les rôles. Ces définitions révèlent aussi les tensions entre la «nature» et la «culture» qu'on oppose parfois, supposant par là l'existence d'un état primitif, qu'on appelle «nature», et d'un autre plus évolué, qu'on appelle «culture». En passant, je rappelle qu'on associe généralement le mot «nature» au féminin et le mot «culture» au masculin, comme si les vrais producteurs ou créateurs de culture étaient les hommes. Cette distinction continue encore d'influencer certains comportements dans nos sociétés. Je pense, par exemple, à la manipulation du corps féminin par des technologies contemporaines, comme s'il fallait adapter la science au corps des femmes en vue d'un contrôle économique qui, en bout de ligne, profite aux entreprises capitalistes. De même, nous ne pouvons pas oublier l'énorme effort technologique visant à dominer la nature considérée comme un objet de profit. Nous vivons aujourd'hui à l'époque de la crise de l'énergie fossile (pétrole) et nous savons combien de conflits politiques et culturels ont vu le jour à cause de la crise énergétique. Et tout cela se fait au nom de la culture, du développement, de la science!

Les explicitations du mot «culture» révèlent la diversité des croyances, des cosmovisions, des interprétations et des valeurs ainsi que de leur hiérarchie dans les mœurs de tel ou tel groupe. D'une part, chaque définition provient d'un spécialiste dans l'une des diverses branches du savoir, lui-même situé dans sa propre tradition culturelle. D'autre part, elle provient du vécu des milliers de personnes dans les villages du monde, qui cherchent à donner un sens à leur vie quotidienne par leurs rites, leurs mythes, leurs croyances et leurs habitudes.

Les manières de concevoir la culture sont diverses, chacune d'elles l'abordant sous un angle particulier: sociologique, psychologique, anthropologique, philosophique, historique, religieux. Chaque approche, basée sur une polarité de termes, comporte des aspects complexes et recèle des questions irrésolues:

— culture – civilisation,
— nature – culture,
— culture – idéologie,
— culture – politique,
— culture – esprit,
— culture populaire – culture érudite,
— monoculture – pluriculture,
— multiculturel – interculturel.

Ces polarisations conceptuelles proviennent des classifications proposées par différents spécialistes et de leurs observations sur le vécu des gens ainsi que de l'organisation actuelle de la vie de chaque groupe. À ces polarisations s'en ajoutent d'autres en fonction de la logique des divers groupes humains et de leurs intérêts. Tout cela nous invite à percevoir la complexité des compréhensions de la culture ou, plus justement, *des* cultures. D'où aussi la complexité du multiculturalisme comme approche anthropologique au XXIe siècle et l'urgence de le penser comme un phénomène à multiples significations.

Penser, c'est réaliser la complexité du réel, c'est sortir d'une certaine naïveté par rapport aux choses et essayer de les mieux saisir afin de les changer s'il le faut. Penser, c'est nous situer dans l'histoire de nos concepts et leur demander de nous aider à saisir la vie qui les habite. D'où l'importance de faire un peu d'histoire...

Pour retrouver les racines du mot «culture», il faut remonter à la France de la fin du XIIe siècle[14]. Par «culture», on entendait alors le travail de la terre, l'ensemble des moyens utilisés pour les semailles et la production agricole, y inclus l'élevage des animaux domestiques. La culture, c'était un travail...

Au XVIe siècle, la signification du mot a évolué, il en est venu à désigner le développement de l'ensemble des facultés spirituelles par le moyen de certains exercices intellectuels. Au XVIIIe siècle, le mot «culture» était employé presque exclusivement pour désigner l'éducation de l'esprit. On parlait donc d'une personne cultivée. Dans ce sens, la culture était associée davantage aux activités de l'esprit humain, le travail spirituel, qu'aux activités matérielles liées à la terre. On considérait également que les femmes ne faisaient pas partie de la culture dans la même perspective que les hommes. Et c'est bien pour cela que promouvoir la liberté par la culture humaine c'était limiter la culture et la liberté à l'univers masculin. La liberté est alors devenue une valeur publique, liée à l'esprit, donc, au masculin. Les femmes, quant à elles, étaient, par leur biologie, considérées comme des êtres de nature, semblables aux quatre saisons et/ou aux bêtes femelles.

En Allemagne, surtout à partir du XVIIIe siècle, le mot *Kultur* va signifier l'autocompréhension qu'un peuple a de lui-même, notamment le peuple allemand convaincu de la supériorité de sa race et de ses qualités de caractère par rapport au reste de l'humanité. C'est par la qualité de leur esprit que les Allemands ont produit, à cette époque, tant de musiciens, d'écrivains et de peintres et qu'ils se sont imposés comme une certaine *intelligentsia* du monde. Ils croyaient posséder la culture au sens propre, c'est-à-dire la culture la plus élevée de l'esprit humain. Et il ne faut pas oublier que de cette prétention à une supériorité culturelle sont aussi nés les chambres à gaz et le raffinement des formes de torture, instruments de mort pour tant de personnes. Même si j'évoque le cas particulier de l'Allemagne, je n'oublie pas que partout l'œuvre de la culture et celle de la barbarie ont la même source humaine. Nous construisons et nous détruisons, nous aimons et nous haïssons, nous affirmons et nous nions les droits et libertés!

À partir du XIXe siècle, on a commencé à associer le concept de «culture» à celui de «nation». C'est alors que la notion de «culture» s'applique également à des peuples non européens. Les autres, c'est-à-dire ceux qui ne sont pas européens, commencent à être reconnus comme porteurs de culture. Auparavant, ils n'avaient que des habitudes, des mœurs parfois considérées comme sauvages. Ils n'avaient même pas d'histoire. À partir de cette exclusion inhérente au concept politique et idéologique de «culture», les pauvres ont toujours cru qu'ils n'avaient pas de culture, puisque celle-ci était assimilée aux connaissances scientifiques et littéraires des dominateurs. Il arrivait fréquemment qu'un pauvre paysan s'identifie comme «un homme sans culture». Encore aujourd'hui, il est très fréquent qu'une femme qui travaille à la maison, une «femme au foyer», qui n'a pas fait d'études, affirme n'avoir pas de culture. De plus, on dira souvent qu'«elle ne travaille pas», elle n'est qu'au foyer! De même, en Amérique latine, les plus pauvres s'identifient comme n'ayant pas de culture, c'est-à-dire comme ceux et celles qui, n'ayant pas fait d'études universitaires, ne comprennent pas le langage des gens cultivés.

Au XXe siècle, surtout après les mouvements indépendantistes, les pays du tiers monde ont repris le mot «culture» de façon particulière, dans une tentative pour affirmer l'originalité de chaque peuple vis-à-vis des nouvelles tendances de domination. Nous savons combien cet effort de conquête de l'indépendance a été enveloppé d'ambiguïté. La page colonialiste ne peut pas être arrachée des livres d'Histoire et la référence à l'autre considéré comme le maître de la culture est encore très présente. Depuis peu, avec la globalisation économique et culturelle, le terme de «multiculturalisme» s'est ajouté au mot «culture». Mais il semble que l'ajout de ce terme se soit imposé de l'extérieur, puisqu'il est difficilement compris, surtout par les gens économiquement pauvres, pour qui il n'a pas non plus de résonance dans leur vie concrète. Il semble que l'introduction de ce mot ait forcé les diverses cultures elles-mêmes à honorer le multiculturalisme, c'est-à-dire à se soumettre au nouvel ordre établi, qui se qualifie de multiculturel.

Ce qui soulève de nouvelles questions critiques: Comment faut-il comprendre le multiculturalisme? Comment distinguer sa consistance réelle, voire historique, d'une idéologie imposée par la société de profit?

La mise en lumière des origines et de la complexité de la culture, nous a permis de saisir, dans ses grandes lignes, l'évolution du sens de ce concept et l'importance de comprendre ce que nous mettons sous ce mot pour aborder notre réflexion sur la liberté. Je ne pourrai pas toucher à tous les débats autour de la culture. Mais je voudrais seulement souligner son caractère multidimensionnel et la multiplicité d'approches qui en découlent, afin de mieux cerner notre quête de liberté dans un monde multiculturel en mal de compréhension de lui-même. C'est un monde complexe: nous en faisons partie, mais il fait aussi partie de nous.

Comme point de départ, nous adopterons une définition synthétique de la culture: la culture est l'ensemble des connaissances, des croyances, de l'art, de la morale, du droit, des habitudes, des valeurs et des aptitudes que les êtres humains créent et acquièrent comme membres d'une société[15]. Un tel processus de création et d'acquisition s'effectue dans un environnement précis: la culture est liée à un espace, à une géographie définie et à un climat qui nous façonne. Alors, le mélange des cultures dans un espace différent de celui qui a façonné chacune d'elles pose pas mal de questions. Parce qu'elles vont de pair avec les écosystèmes — ce que nous oublions souvent —, les cultures, quand elles sont transplantées, ne sont plus les mêmes. La rencontre des cultures entre elles les modifie. Le choc de la domination culturelle crée de la nouveauté, de l'inédit qui évolue dans les souterrains, au sein de la culture dominée. Je pense par exemple à toute la répression exercée par les gouvernements et par l'Église catholique sur les religions afro-brésiliennes jusqu'au milieu du XXe siècle et à l'impressionnante créativité culturelle et religieuse qui est survenue par la suite. Il s'agissait alors d'un autre contexte que celui vécu dans les différents coins d'Afrique, de nouvelles confrontations avec le pouvoir établi et sa domination, d'une autre géographie et d'un autre écosystème. Il fallait donc vivre et même croire autrement.

Dans le même ordre d'idées, je soulignerai un autre point intimement lié à la question du multiculturalisme. D'une part, nous avons tendance à réduire la culture à la macroculture, c'est-à-dire à la culture dominante définie par l'élite. Nous oublions souvent les cultures des bidonvilles, celles des villages, des quartiers d'immigrés dans les grandes villes du monde. Ce sont des cultures périphériques, qui essayent de vivre et réussissent à survivre plutôt mal que bien. Mais elles sont là, et elles s'affirment comme marginales par rapport à la culture dominante. C'est le cas en Afrique, en Asie, en Europe et dans les Amériques. Rappelons-nous, par exemple, la vie des Hispanos dans certains quartiers de New York et le vécu culturel et religieux qu'ils ont transporté de leurs villages d'origine. De même, la vie des Arabes, des Japonais ou des Coréens dans la grande ville de São Paulo au Brésil. Les personnes d'origine étrangère tentent de s'intégrer, modifiant ainsi leur culture-mère. D'autre part, nous avons aussi tendance à déprécier les valeurs artistiques et éthiques des diverses cultures et à valoriser presque uniquement leur productivité économique. Nous pensons toujours et avant tout au produit national brut — la production de biens économiques mesurables.

De nos jours, nous définissons globalement l'être humain comme un être essentiellement économique et même, plus précisément, comme un «être-pour-le-marché». Notre valeur à tous/toutes réside dans le profit que nous représentons pour le marché. Cette idée est répandue partout et constitue, dans les cultures dominantes actuelles, une sorte de perversité dans la manière de concevoir la culture. Cette culture pervertie obnubile les richesses culturelles et les réduit au silence ou à du folklore en vue de la consommation culturelle.

La question que nous abordons consiste à nous demander ce que les différentes cultures ont dit de la liberté, comment elles l'ont vécue ou comment elles la vivent en tant que valeur inhérente à l'existence humaine. Ici, la liberté rejoint la question du pouvoir. Nous cherchons à savoir comment les diverses cultures ont vécu et vivent encore cette valeur constitutive de l'être humain qu'est la liberté et comment elles la conçoivent. Je me rends compte de l'ampleur de notre ignorance! Nous pouvons connaître le revenu per capita des gens du Brésil ou de l'Inde, par exemple, mais nous connaissons de moins en moins leurs traditions sur le plan des valeurs, des sagesses, des pratiques entourant les moments importants de l'existence, sauf par certaines émissions de télévision. Nous désirons savoir comment des pays ont réussi à sortir de la crise économique ou de la dévaluation de leur l'argent, mais nous ignorons la manière dont les gens donnent un sens à leur vie, leur approche de la mort, leurs croyances les plus profondes, leurs aspirations et leur expérience de cette réalité que nous appelons la «liberté». Et c'est bien ici que le nœud de la quête de liberté se montre dans toute sa force. Pour saisir la réalité spirituelle d'une personne, d'un groupe ou d'un peuple, il nous faut dépasser la perspective du marché global et des statistiques. Pour comprendre un peu la quête de sens qui fait vivre un peuple, il nous faut connaître son art, sa poésie, ses chants et ses danses. Alors peut-être pourrons-nous saisir un peu sa soif de liberté! Il semble que la société globale ait gommé la question humaniste de la liberté pour nous lancer dans la seule quête de la liberté en vue du marché. Et nous commençons à nous sentir fatigués de cette pensée unique et de cette liberté à modèle unique! Nous commençons à vouloir chercher des sorties à la prison colorée que les élites économiques ont bâtie partout dans le monde. Nous commençons à nous rendre compte de la barbarie produite au nom de la culture et du développement. De même que barbarie et culture sont inséparables, ainsi peuvent l'être barbarie et multiculturalisme.

Quelle compréhension les gouvernements actuels des grandes puissances ont-ils de la liberté que veulent leurs citoyens? Comment l'actualisent-ils dans les rapports entre les nations? Il semble que la liberté se soit muée en son contraire, c'est-à-dire en esclavage. Un esclavage en forme d'abondance, présenté comme la promesse d'un bien-être pour tous/toutes, mais en réalité réservé seulement à une élite. C'est ce qui explique la multiplication de groupes qui s'organisent aujourd'hui pour revendiquer leurs libertés particulières, pour faire face à l'exclusion et au nivellement de leurs spécificités. Pourtant, la question cruciale est de savoir si nous avons les moyens de revendiquer des libertés particulières quand nous sommes privés de liberté collective. La question est de savoir si nous pouvons parler de bien individuel quand nous sommes privés de l'accès au bien commun.

Le multiculturalisme n'est pas nouveau, c'est son visage actuel qui l'est. Ce qui est nouveau, c'est qu'on l'ait réduit à sa dimension économique. Avec les gens qui viennent chez nous, ce ne sont pas des cultures et des sagesses différentes qui nous arrivent, mais des demandeurs d'asile économique, de la main d'œuvre à bon marché, des consommateurs. On les considère sous l'angle de l'organisation de nos services d'assistance sociale et de leur degré d'intégration à notre façon de voir le monde. Ils/elles sont un nombre et non pas des visages avec leur histoire personnelle et leurs traditions. Nous méconnaissons les diverses cultures. Nous ne connaissons d'elles que les statistiques qui les concernent, leur folklore ou les clichés négatifs dans lesquels nous les campons et qui se répandent tout de suite dans les pays ou les régions d'accueil. Les nouveaux arrivants deviennent facilement «les autres», les étrangers, et c'est ainsi qu'on s'attend à ce qu'ils se comportent. Le pays ou la région d'accueil leur fait une place pour qu'ils s'intègrent, comme s'ils pouvaient simplement se transplanter et s'enraciner dans de nouveaux sols, c'est-à-dire cesser d'être des plantes originales pour devenir celles qu'on les autorise à être.

Ces personnes arrivent déjà marquées par l'impossibilité de vivre librement chez elles. Ainsi, la liberté leur apparaît d'abord comme la possibilité de vivre avec une certaine dignité, en étant capables de subvenir à leurs besoins physiques élémentaires. En quittant leur pays ou leur région d'origine, elles se sont mises en route pour demander la liberté de vivre. C'est le premier pas, le premier droit qui ne leur a pas été accordé dans leur pays. Elles s'essayent ailleurs, dans l'espérance d'accéder d'abord à la condition minimale d'existence de tout être vivant — garantir son droit de vivre, de s'abriter, d'avoir de quoi manger et boire. C'est dans cette espèce de condition minimale, d'une base matérielle garantissant la vie, que s'inscrit la première aspiration à la liberté. À partir de ce premier pas, d'autres suivront. Cependant, même ce pas élémentaire ne se fait pas sur la base d'une égalité de droits. Il y a en nous du mépris envers l'autre; nous réduisons son être à l'insignifiance, à un objet ou à un instrument à notre service. Et puis, nous le laissons tomber. C'est un comportement qui est en chacun/chacune de nous; à plus forte raison peut-il se manifester chez les tout-puissants, chez les dominateurs du monde qui sont convaincus de pouvoir se passer des autres. Ils se croient libres et indépendants, mais c'est une pure illusion. En réalité, ils sont esclaves d'eux-mêmes, ils vivent une fausse indépendance et, sur le plan de la liberté, ils sont dans la servitude. Il n'y a pas de liberté sans le respect de l'autre, des autres.

Ce n'est que dans l'existence des autres que nous pouvons trouver la justification de notre propre existence. Nous ne pouvons pas exister seulement pour nous-mêmes. Toute affirmation de notre liberté passe par notre relation aux autres. Et c'est bien pour cela que la liberté n'est jamais absolue, elle s'instaure dans les limites de notre existence commune.

Je sais que je me situe ici sur le terrain des convictions humaines éthiques, sur celui du pari pour la vie, dans un horizon particulier d'interprétation de la liberté. Même s'il est limité, cet horizon nous rend capables de porter un jugement sur les actions humaines, mais il constitue aussi un ensemble de valeurs qui nous permettent de vivre, de donner un sens particulier à la liberté et de le proposer. Cette manière de comprendre la liberté revêt certes des aspects particuliers, mais elle comporte aussi une raison d'être qui dépasse les particularités tout en les englobant. La neutralité n'existe pas quand il s'agit de la vie des personnes et des groupes. C'est d'un engagement en vue de la vie de tous et toutes qu'il s'agit. Selon moi, sans cet horizon éthique majeur, nous, êtres humains, perdons le sens de notre existence.

Cette réflexion n'a pas eu la prétention d'apporter de réponses. Elle a voulu simplement nous permettre de penser à partir de certains constats, et de trouver, en dialogue les uns avec les autres, des chemins pour vivre en dignité et en liberté. Je suis convaincue qu'il faut oser nous poser des questions, même si nous savons que nous n'obtiendrons pas les réponses désirées. C'est une invitation qui nous est faite à nous tous/toutes, à ceux/celles en particulier qui exercent le métier d'intellectuels appelés à penser les processus de vie en société. Le champ du débat actuel sur le multiculturalisme est rempli de questions sur l'articulation, à cette phase de notre évolution, de notre diversité humaine avec le droit à la liberté qui est celui de tous/toutes. Il nous amène, d'une part, à réaliser la complexité du réel et, d'autre part, à nous méfier des nouveaux concepts élaborés jusqu'ici dans ce champ, c'est-à-dire à voir leur incapacité à résoudre nos difficultés à vivre ensemble.

En conclusion et pour nourrir l'espoir qui nous fait vivre, il est important de rappeler l'*interdépendance* qui nous unit, c'est-à-dire le fait que nous avons besoin les uns des autres et que, par conséquent, l'individu ne peut prétendre être par lui-même le «seigneur de son destin». L'aventure de la vie est diverse comme est diverse l'humanité, et les différentes cultures n'auront de chance de vivre que sur la base de la responsabilité politique et sociale de chacun envers l'ensemble et de l'ensemble envers chacun.

Notes

[12] Zygmunt BAUMAN, *Comunidade, a busca por segurança no mundo atual*, Rio de Janeiro, Jorge Zahar Editor, 2003. Titre original: *Community – Seeking Safety in an Insecure World –*, Oxford, Polity Press and Blackwell Publishing Ltd., 2001.

[13] *Ibid.*, pp. 12-13.

[14] Je m'inspire ici de Diana DE VALLESCAR PALANCA, «Cultura, multiculturalismo e interculturalidad», dans *Hacia una racionalidad intercultural*, Madrid, PS Editorial, 2000.

[15] Diana DE VALLESCAR PALANCA, *op.cit.*, p. 52.

4
LIBERTÉ AU FÉMININ ET AU MASCULIN OU LIBERTÉ TOUT COURT?

Proposer de réfléchir sur la liberté en distinguant la liberté au masculin et la liberté au féminin ferait rire les philosophes modernes et sans doute bien d'autres aussi. Dans les milieux universitaires, on n'a jamais pensé ce genre de distinction qui, aujourd'hui encore, n'a pas droit de cité aux yeux de la plupart des intellectuels. Ils pourront admettre, tout au plus, qu'il y ait des préoccupations sociales particulières aux femmes, concernant des questions autour de la maternité ou de la sexualité, mais c'est tout. La liberté au féminin serait quelque chose sans consistance propre et le fruit de la folie de quelques femmes. Ils oublient que nous sommes 51% de la population mondiale, sans compter les enfants qui sont sous notre responsabilité.

En général, ces gens sont convaincus que l'humanité est un genre universel et qu'à cause de cela, hommes et femmes partagent les mêmes besoins et vivent les valeurs de la même manière. Ils estiment que les distinctions entre le féminin et le masculin sont seulement d'ordre biologique et qu'elles n'ont aucune importance quand il s'agit de penser «l'homme universel». Néanmoins, leur universalité est en réalité masculine, vu la place occupée par les hommes dans les instances de pouvoir et de décision économiques, politiques, sociales et religieuses des différents pays. De même, historiquement, la symbolique de certains concepts philosophiques comme ceux d'«absolu», de «perfection», de «Dieu» et même de «liberté» est masculine, c'est-à-dire qu'ils nous habitent psychiquement et socialement selon le modèle masculin. Bien que cela puisse paraître abstrait à première vue, c'est une réalité qui se manifeste aujourd'hui dans les événements les plus simples de la vie quotidienne. Il suffit d'observer les formes d'exercice du pouvoir et celles de la domination des personnes dans l'Histoire pour réaliser à quel point ces concepts ont été utilisés par des hommes pour en soumettre d'autres et pour soumettre aussi des femmes.

Dans le passé, des voix de femmes, souvent isolées, se sont élevées pour dénoncer cet universalisme à modèle unique, mais l'histoire ne les a pas entendues ni reconnues[16]. De nouveau aujourd'hui, des voix de femmes s'élèvent et nous espérons non seulement être entendues mais aussi récupérer les voix de nos sœurs réduites au silence.

À partir du point de vue traditionnel patriarcal, on croit vraiment que la liberté n'a pas de genre et que lui en accorder un, c'est d'une certaine manière la limiter. De même, on a toujours dit que la liberté n'avait pas de couleur, de race ni de classe sociale. Si cela est vrai, d'une part, à cause du noyau en quelque sorte universel du désir de liberté présent également chez les femmes et chez les hommes du monde entier, ce n'est pas vrai, d'autre part, au niveau de l'histoire ou, en d'autres termes, de la contextualité de notre existence. Les gens de peau noire, de condition ouvrière ou paysanne, les plus pauvres économiquement, les femmes et les enfants ont toujours été les plus exploités. Par conséquent, c'est à partir de leurs conditions de vie, de leurs douleurs particulières et de leur façon de se situer par rapport aux autres que s'effectue leur quête de liberté. Aujourd'hui plus qu'hier, il faut insister sur le fait que la liberté a des couleurs différentes, liées non seulement au genre, mais aussi à l'orientation sexuelle, aux choix politiques, aux questions ethniques et autres. Ce qui veut dire que c'est à partir de situations concrètes, de personnes, de groupes et de nations précises qu'on revendique la liberté. La différence des visages de la liberté s'impose à partir de situations précises, avec des personnes précises. Il ne s'agit pas de souligner les différences pour elles-mêmes, quitte à insister sur quelque chose d'inconsistant rien que pour dire que nous sommes différents. C'est à partir de notre condition humaine elle-même, de notre condition corporelle, de notre relation à autrui, que la différence s'impose. En d'autres termes, nous sommes différents et nos relations produisent des différences. Cette production se situe au niveau des rapports entre humains, capables d'en soumettre d'autres, de les empêcher de vivre avec dignité parce qu'on les a jugés différents. Et, dans ce sens, «différent» peut devenir synonyme d'«inférieur». On risque ainsi de traiter la personne différente comme supérieure ou inférieure à soi.

Le différent risque ainsi d'être intégré dans une hiérarchie économique, sociale, culturelle et sexuelle. D'où la nécessité de s'expliquer et de se comprendre. S'expliquer, se comprendre, agir éthiquement pour le bien de tous/toutes, voilà le défi de la différence et celui de la liberté.

Afin de donner à notre réflexion un point d'ancrage à partir duquel nous pourrons l'approfondir, je partirai de la constatation qu'à compter du siècle des Lumières (le XVIIIe siècle) en Occident, on a considéré la liberté davantage comme une valeur ou un idéal de l'État. On souligne ainsi le fait que le droit à la liberté est revendiqué par rapport au *dehors*; c'est quelque chose d'extérieur, une affaire publique. Nous nous affranchissons du joug d'un dominateur, d'un roi, d'un prince, et ainsi, nous devenons libres. Et ce «nous» désigne toujours une élite qui, par cet affranchissement, devient la bénéficiaire de cette liberté. Nous revendiquons la liberté de parole, le droit au langage critique ou encore la liberté de culte, celle de pouvoir adorer librement nos divinités. La dimension publique de la liberté lui a conféré une couleur beaucoup plus masculine et en a fait une valeur vécue par une classe sociale aisée ou intellectuellement favorisée. Cette compréhension s'est répandue dans tous les pays de l'Europe occidentale qui, à ce moment-là, était considérée comme le centre du monde, de la culture et de la civilisation. Les philosophes des Lumières ont voulu croire que certaines personnes et certains peuples étaient encore loin de la liberté, qu'ils n'étaient qu'à un stade inférieur d'évolution alors que d'autres, les élus, étaient en avance sur ceux à qui ils annonçaient ou montraient les chemins à suivre pour qu'advienne la liberté.

Pour Hegel, par exemple, la liberté promue par la révolution française annonçait le déploiement de cette qualité de l'Esprit absolu comme un phénomène pour toute l'humanité. La France, celle de la Révolution de 1789, parce qu'elle avait conçu la liberté pour toute l'humanité, devenait l'exemple à suivre. Par son histoire, elle a donné lieu à la *phénoménologie* ou la manifestation de l'esprit de liberté.

Pour Hegel, l'Histoire est celle de la phénoménologie ou de la manifestation de l'Esprit[17]. Il considère qu'en son temps, une partie de l'humanité est parvenue à un stade historiquement parfait de la manifestation de l'Esprit, ce stade étant défini selon le modèle de la révolution française, instauratrice de la liberté, de la fraternité et de l'égalité pour tous. Peu importe toute la terreur vécue pour cela. Morts et blessés sont oubliés. L'important c'est la manifestation de l'idée de liberté. Selon Hegel, de toute façon le processus historique aurait conduit un jour à la victoire de l'idée de liberté, une victoire vécue par les hommes, qui se considèrent comme les représentants de toute l'humanité.

La manière dont on comprenait la liberté au siècle des Lumières était pourtant située dans le temps et l'espace. C'étaient des personnes, des cultures, des individus de sexe déterminé qui pouvaient jouir de la liberté. Néanmoins, cette manière particulière de concevoir la liberté en ce temps-là, c'est-à-dire selon le modèle des bien-pensants, des philosophes ou des théoriciens de la politique, était considérée comme universelle. Jusqu'à un certain point, on définissait la liberté en fonction de l'éloignement de la nature ou de la matière, c'est-à-dire de ses conditionnements. D'où l'énorme distance sociale entre ceux et celles qui accomplissaient un travail matériel et les autres qui se dédiaient à l'esprit, au travail intellectuel. La qualité humaine se mesurait à la raison et à la civilisation. C'est pourquoi on considérait comme normal qu'il y ait des esclaves, eux qui étaient presque collés à la matière, qui labouraient la terre, qui travaillaient aux champs, qui nettoyaient les maisons. Dans la même ligne de pensée, par analogie, on pouvait rapprocher la racine du mot «mère» de celle du mot «matière» (*mater – materia*), les mères, les femmes, étaient d'abord de la matière et elles étaient destinées aux choses matérielles. Ce qui explique en partie que, dans la division sociale du travail, les tâches matérielles aient été le lot des serfs et des femmes. Plus proche on est de la matière brute, plus loin on est de l'esprit et de la liberté. Sans anticiper sur notre réflexion, nous pouvons déjà deviner quelle sera la place faite aux femmes dans la revendication de la liberté en Occident. Elles sont, de toute évidence, plus proches de la matière, des travaux manuels, des tâches ménagères, de ce qui n'exige pas trop de réflexion, donc, elles sont loin de l'esprit et de la liberté.

Cependant, des voix de femmes, même à l'époque des Lumières se sont fait entendre. Olympe de Gouges, en 1791, proposa un document alternatif à la *Déclaration des droits de l'homme et du citoyen* de 1789. Elle l'intitula «Déclaration des droits de la femme et de la citoyenne». Pour Olympe de Gouges, ce n'était pas suffisant d'insérer le mot «femme» après chaque occurrence du mot «homme». Elle a remis en question certains postulats fondamentaux. Par exemple, la *Déclaration des droits de l'homme et du citoyen* définit la liberté comme «le droit de faire tout ce qui ne nuit pas à autrui». De Gouges écrira plutôt: «La liberté et la justice consistent à rendre tout ce qui appartient à autrui; ainsi l'exercice des droits naturels des femmes n'a de bornes que la tyrannie que l'homme lui oppose; ces bornes doivent être réformées par les lois de la nature et de la raison[18].»

La manière dont Olympe de Gouges rapproche la liberté de la justice est remarquable. Il n'y a pas de liberté sans justice et il n'y a pas de justice sans liberté. Et ces deux valeurs intrinsèquement unies devraient habiter simultanément l'individu et la collectivité, non seulement comme un idéal de vie, mais dans la pratique, à partir de situations concrètes. Une personne ou un groupe ne peut pas s'attribuer ce qui appartient à tous/toutes, que ce soit des biens matériels ou des biens symboliques. D'où la justesse des revendications de leurs droits par les femmes.

Connaître l'histoire de la revendication et de l'affirmation de la liberté de tant de peuples est d'une grande richesse, mais nous ne pouvons pas l'évoquer ici de manière détaillée. Rappelons cependant à titre d'exemples quelques événements pour mieux nous situer dans cette réflexion: les mouvements de libération de divers groupes de juifs pauvres au temps de la domination romaine ainsi que les mouvements des esclaves étrangers, les mouvements dits spirituels comme celui des franciscains au Moyen Âge pour se libérer du christianisme formaliste et sans âme qu'on voulait leur imposer, les mouvements de liberté des peuples autochtones, les mouvements d'indépendance politique tout au long de l'histoire humaine, et tant d'autres. Cependant, de manière générale, dans ces mouvements, on ne soulevait pas la question du genre, c'est-à-dire l'égalité de droit des femmes et des hommes et la différence de leurs revendications dans leur quête de liberté. C'est la liberté au masculin que, fondamentalement, ils ont soulignée. Dire cela, c'est simplement affirmer que les femmes n'étaient pas considérées autant que les hommes comme des «sujets de droits». C'est pourquoi les principaux acteurs des mouvements pour la liberté ou des groupes libertaires étaient presque toujours des hommes et que leur manière d'affirmer leur liberté était essentiellement masculine. Ainsi peut-on remarquer qu'en général les actions menées par les hommes ont un caractère belligérant: compétition sur le plan politique, vengeance déchaînée, lutte contre les puissances politiques ou religieuses, désir de refonder le monde ou même le christianisme. Bien que n'étant pas exclusivement masculines, voilà le type d'actions que l'Histoire met davantage en valeur. Ce sont surtout des hommes qui ont lancé les mouvements sociaux libertaires, mais il ne faut pas oublier le côté obscur de ce «privilège». Les *conquistadors* ont tous été des hommes convaincus de la nécessité de soumettre l'autre à leur volonté. C'est le revers de la médaille de la liberté, c'est-à-dire le côté de l'asservissement des autres et de cet «autre» qu'est la femme. Dans ce sens, Julia Esquivel, poète du Guatemala, écrit: «Comme la terre et l'or, les femmes devinrent propriété des vainqueurs. Toutes les guerres et surtout les guerres de conquête comportent le viol des femmes. Les hommes se croient et se sentent devenir plus forts en envahissant et en possédant le corps des femmes[19].» Nous savons tous que de telles réalités ne sont pas le fait exclusif du passé. Alors, devant de pareilles situations, comment ne pas penser à une forme spécifiquement féminine de quête de la liberté?

Selon le modèle hiérarchique patriarcal, la liberté se joue particulièrement sur les plans politique et social; c'est d'abord au niveau de la pensée et des institutions publiques qu'elle se déploie, alors qu'elle semble loin de la vie familiale, qui est un lieu éminemment féminin. Il est évident que, sur le plan politique, les femmes n'étaient pas réellement les sujets de la liberté, sauf quelques rares exceptions et surtout quand elles assumaient des rôles masculins. Ces cas de femmes assumant un rôle masculin, plutôt rares, étaient bien connus. Jeanne d'Arc en est un exemple. Le simple fait de prendre une apparence d'homme permettait aux femmes d'agir dans la sphère publique, de défendre la liberté comme une valeur de la *polis*, même si c'était au prix de leur vie. L'histoire de tous les peuples ne manque pas d'exemples de femmes exceptionnelles. Mais il ne faut pas oublier que leur action publique en vue de la liberté a toujours été considérée comme une transgression. Remarques négatives, injures, marginalisation, persécution et mort ont été le lot de tant de pionnières de la liberté féminine.

C'est le mouvement féministe du XXe siècle qui a ouvert un nouveau débat sur la liberté des femmes. Depuis Simone de Beauvoir, nous n'avons pas cessé de nous interroger sur les diverses formes d'oppression imposées aux femmes et sur les formes de leur libération. Oppression et libération se sont succédé tout au long de l'Histoire et ont pris à chaque époque un contour différent. Le mouvement féministe, à cause de la grande diversité de situations des femmes, a permis de poser la question de la liberté en termes d'une valeur historique contextuelle et liée à des expériences humaines plurielles. C'est ainsi qu'un autre visage de la liberté se trouve mis en lumière par les expériences des femmes: celle du corps féminin considéré comme un «corps pour les autres». Le mouvement féministe essayera tout au long du XXe siècle d'ébaucher une nouvelle anthropologie pour tenter de mieux saisir cette espèce de révolte contre les corps féminins et pour faire advenir une contre-révolte inaugurée par les femmes. Cette contre-révolte, malgré toutes les contradictions, fait partie de l'histoire de la liberté écrite par les femmes. Et c'est elle qui récupère autrement la vie de tant d'ancêtres qui ont été passionnées de liberté et qui l'ont vécue à partir de leurs situations spécifiques.

Ce sont aussi les mouvements sociaux du XXe siècle qui ont déployé l'éventail de sens de la liberté et de son expression contextuelle. La domination vécue par les femmes sous le régime patriarcal est un de ces contextes. La domination multiforme subie par les femmes, selon les ethnies, les classes sociales, l'âge ou les conditions économiques, en est un autre. Au préjugé concernant la dépendance et l'infériorité de la condition féminine s'en ajoutent bien d'autres qui donnent à la domination vécue par les femmes des couleurs diverses.

C'est à partir de là que nous en sommes venues à devoir soutenir, une fois de plus, le pluralisme de la liberté, même si par certains côtés, on peut la considérer comme une valeur humaine universelle. L'universalité de la liberté vient justement de ce qui a permis ses multiples expressions, ses multiples visages, ses multiples interprétations au cours de l'Histoire. Ce n'est pas à dire qu'il faille chercher une description préalable de la liberté pour ensuite essayer de déterminer ce qu'on peut considérer ou non comme de la liberté. Il faut nous garder de toute tentation de dogmatisme.

La liberté n'est pas une chose ou une idée prédéterminée, partout équivalente, qu'il suffirait d'appliquer dans la réalité quotidienne. On ne peut pas enfermer la liberté dans un modèle à partir duquel on dégagerait, dans les événements ou dans les comportements, la présence de traits conformes à ce modèle idéal. La liberté n'est pas quelque chose en soi mais une relation entre des personnes, des groupes et des institutions. Chaque fois que nous perdons de vue la liberté comme relation, à nous-même et à d'autres, basée sur le droit pour tous et toutes à l'intégrité de la vie, et que nous la réduisons à une idée ou à un discours métaphysique, nous l'éloignons de notre expérience. Cette espèce de métadiscours sur la liberté, c'est-à-dire un discours sur l'essence de la liberté, ou sur ce qu'elle est indépendamment de la pratique concrète, est le propre de certains systèmes philosophiques, religieux et politiques moralistes. Néanmoins, cette référence «essencialiste» se défend de moins en moins. C'est le dynamisme de la vie qui nous permet de prendre conscience de l'extraordinaire ouverture de la liberté vers un avenir humain plus ou moins inconnu. La reconnaissance d'une pluralité de sujets historiques et de leurs conditionnements favorise la naissance de nouvelles références pour penser la liberté et la vivre concrètement. Chaque groupe s'affirme à partir d'une quête précise de liberté. Et c'est dans cette perspective que les femmes revendiquent elles-mêmes un pluralisme de formes de liberté, c'est-à-dire un respect et un droit de citoyenneté plurielle. Je pense par exemple aux revendications des femmes pauvres, à celles des intellectuelles, à celles des femmes d'origine africaine, aux femmes asiatiques aux États-Unis, aux femmes autochtones, aux femmes lesbiennes, sans oublier la revendication précise des mères de la Plaza de Mayo (Argentine) ou des mères des soldats américains en Iraq. Il y a autant d'expressions de la liberté des femmes que de groupes.

Le droit universel au respect de la vie débouche sur une sorte de régionalisation et de diversification des droits. C'est ainsi que la compréhension même de ce qu'est la liberté se complexifie, et que la vie sociale se transforme en un défi quotidien. Dans cette perspective, j'aimerais encore préciser deux points: 1) la phénoménologie plurielle de la liberté et son universalité, et 2) la liberté des femmes aujourd'hui.

La phénoménologie plurielle de la liberté et son universalité

Pour nous entendre sur le sens du mot «liberté», je pense qu'il faut nous mouvoir entre les aspects que nous pourrions appeler universels ou constitutifs de l'humanité et les aspects dits contextuels et particuliers. Mais il faut surtout nous rappeler que la compréhension de l'être humain à partir des valeurs actuelles est elle-même le fruit d'une longue évolution. Nous ne sommes pas les mêmes depuis l'âge de pierre et même avant! Nous sommes ce que nous devenons à partir d'un processus complexe qui a commencé il y a longtemps. Nous ne possédons pas une essence préexistante. Nous n'avons pas été, depuis le commencement de notre espèce, solidaires et sensibles les uns aux autres, c'est-à-dire que nous n'avons pas toujours cultivé le souci et le soin nécessaires à la vie de nos semblables, même si un minimum de coopération a été nécessaire pour que cette vie se maintienne. C'est là aussi le fruit de notre évolution. Et nous savons à quel point l'aspect destructeur des débuts de notre humanité habite encore fortement notre créativité actuelle, nous rendant capables de produire toutes sortes de violences. Il est donc discutable, en un sens, de considérer que la liberté est un droit qui aurait toujours existé ou qui se serait maintenu égal à lui-même depuis l'origine de l'être humain[20].

L'être humain a dû accomplir toute une évolution, tout un parcours pour devenir éthique, pour arriver à contrer la loi naturelle de la survie de l'espèce et à formuler des lois en vue de la vie en société. On a donc dû, en quelque sorte, conquérir des droits sur une certaine nature qui, elle, nous rapprochait davantage de la loi des animaux: la loi du plus fort! Ce sont les révolutions et les évolutions de cette sorte qui marquent la grande aventure humaine. Ainsi, les droits humains ne sont pas un don de la nature, mais une conquête par rapport à une certaine nature[21]. Ils sont l'œuvre de notre culture, de l'humanisation de notre être. Cette perspective évolutionniste nous inscrit dans la dynamique des processus historiques et nous révèle que les concepts explicatifs sur l'être humain ne sont pas éternels. Nous sommes en processus d'évolution comme tout ce qui existe.

Par ailleurs, les droits et les libertés ne s'exercent pas dans le vide. Pour qu'ils soient respectés, une forme de contrat social est nécessaire, des accords, des reconnaissances, des lois, de la jurisprudence. Dans cette ligne de pensée, les droits humains n'existent pas sans un État de droit et, paradoxalement, l'être humain ne les conquiert qu'en s'opposant à cet État de droit. Il en est ainsi lorsque l'État pourvoyeur des droits devient le fossoyeur de ces mêmes droits. La conception du droit et des libertés est en constante évolution et elle est marquée par l'ambiguïté humaine. C'est en ce sens et à l'intérieur de ce processus d'évolution de notre humanité que nous sommes arrivés à parler des *droits des femmes*. Les droits des femmes, en réalité, étaient inexistants. Les femmes étaient contrôlées par la volonté des seigneurs, de leurs pères, de leurs époux et des autres hommes reconnus comme des autorités familiales, sociales et religieuses. Revendiquer les droits des femmes, c'est s'affirmer à l'encontre d'une situation sociale ou légale qui permet l'inégalité et même l'illégalité. C'est bien cela que nous, les femmes, vivons dans nos pays, dans nos Églises et dans nos lieux de travail. Il y aurait de quoi écrire tout un chapitre sur la question du droit des femmes dans les religions et les Églises. De même, les réflexions avancées jusqu'ici pourraient inspirer d'autres analyses spécifiques.

Pour reprendre la question de la phénoménologie plurielle de la liberté et de son universalité, remarquons que l'universalité implique la particularité et inversement. L'une se montre dans l'autre, l'une contient l'autre. C'est ce que nous avons appris et ce que nous avons cru pendant longtemps sans le vérifier dans la pratique des relations humaines. Il est pourtant facile de se rendre compte que, souvent, ce qu'on affirme être universel n'est pas toujours respecté quand il s'agit des femmes. Donc, pour que l'universel soit effectivement respecté, il doit être particularisé. C'est pourquoi il faut toujours considérer le réel, l'histoire actuelle, les contextes, et identifier qui sont les bénéficiaires de certains droits et libertés. Il faut faire porter notre regard sur les faits, dans l'histoire actuelle, et voir lesquels d'entre nous sont libres et par rapport à qui ils le sont. Il faut se préoccuper de l'exercice de la liberté au quotidien aujourd'hui et non seulement émettre de bonnes idées sur la liberté à venir.

En ce sens, on peut dire aujourd'hui que la liberté a été vécue de façon plurielle par tous les humains, toutes les cultures et tous les groupes à l'intérieur des cultures, même si le mot employé n'a pas été le même, même si les formes ont été différentes et l'intensité aussi. C'est donc la pluralité des vécus singuliers qui nous ouvre à l'universalité qu'ils contiennent.

La liberté des femmes aujourd'hui

Dans la première partie, j'ai situé ma réflexion à partir des Lumières pour avoir un point de repère. Dans la perspective des Lumières, on ne peut pas parler d'une histoire de la liberté selon les femmes ou d'une histoire de la liberté vécue par les femmes, même en tenant compte des initiatives particulières comme celle d'Olympe de Gouges. La suprématie masculine institutionnalisée nous empêchait même de parler d'histoire en ce qui concerne les femmes. En remplaçant cette référence hiérarchique et masculine par une référence plus démocratique et inclusive du point de vue anthropologique, on peut approcher l'histoire autrement. Ce repositionnement historique est dû au rôle nouveau que jouent les femmes dans divers mouvements sociaux et aux théories féministes qui défient les attitudes de domination et d'exclusion valorisées par l'organisation patriarcale de la société.

Alors, selon une référence plus démocratique contemporaine, nous pouvons tracer une histoire de la liberté des femmes dans tous les pays du monde, c'est-à-dire l'histoire de l'appropriation de nos vies et de la reconnaissance de nos valeurs. Nous pouvons également tracer l'histoire de notre contribution au maintien de la vie des enfants, des hommes et de la nature, et à l'avènement de relations plus justes. Et ceci même à l'intérieur du schème patriarcal du passé, qui ne nous reconnaît pas comme des citoyennes égales aux hommes. Il existe, enfouie dans les diverses contraintes sociales, une histoire silencieuse des femmes qui ont affirmé leur liberté, et ceci depuis l'antiquité la plus ancienne. Nous sommes maintenant capables de saisir et de reconnaître cette histoire malgré tant de limites et malgré le manque d'informations. Ce changement de paradigme, ainsi que je l'ai souligné auparavant, est survenu au XXe siècle avec l'avènement des mouvements féministes ou du mouvement des femmes, que ce soit en Orient ou en Occident. Cette histoire réelle n'est pas celle d'une évolution uniforme, mais celle de la revendication et de l'affirmation par les femmes de droits et libertés marqués par la diversité des contextes et des histoires personnelles.

Il s'agit de conquêtes concrètes, comme le droit à un comportement différent, le droit de vote, le droit d'aller à l'université, le droit à l'égalité de salaires pour un même travail, le droit à son corps, à sa sexualité et à son plaisir. C'est à partir des diverses formes d'oppression qu'on découvre le mouvement d'affirmation plurielle de la liberté et son évolution continue dans l'histoire des relations humaines. Nous avons été capables d'acquérir plus de liberté mais nous sommes aussi capables de transformer ces acquis de liberté en nouvelles chaînes. L'histoire n'est pas linéaire; elle est un processus plein de conflits, de progrès et de reculs. Il y a des reculs, même si nous croyons avancer toujours. Et il y a des avancées, même s'il nous semble que rien n'a changé. C'est bien pour cela que nous sommes toujours invitées à être vigilantes, à faire des évaluations périodiques de nos pas et de nos interprétations.

La question de la liberté des femmes et des hommes suscite toujours de nouvelles idées et aussi des souvenirs, mais il faut conclure afin que nos échanges puissent se poursuivre autrement. Nous ne pouvons pas tout dire, tout écrire, tout expliquer. La vie c'est compliqué, la liberté c'est compliqué. Alors, il faut ramasser quelques points pour boucler un sujet qui ne l'est pourtant jamais dans la vie de tous les jours.

Donc, à partir de nos réflexions, il est clair que la liberté tout court n'existe pas. Ce qui existe, ce sont des gestes, des pas vers un développement de notre humanité de femmes et d'hommes au cœur de la diversité de nos histoires et de nos lieux de vie. Ce qui existe, c'est le combat que nous pouvons mener contre les oppressions qui nous dépersonnalisent et nous rendent moins sujets de notre existence. Et ceci à cause de notre capacité individuelle et collective de soumettre l'autre à nos désirs, d'être hostile à ceux et celles qui semblent menacer notre vie, de vouloir prendre la place de l'autre et lui enlever ses biens. Au fond de tout cela réside la question du pouvoir. C'est pourquoi l'avènement de la liberté sociale des femmes est aussi celui de leur pouvoir dans l'histoire publique. Et là, encore une fois, le processus de changement social et politique dépend également des femmes et des hommes. Ce ne sont pas les femmes seules qui engendreront de nouveaux modèles de pouvoir, mais cela viendra de la communauté humaine fatiguée de sa propre destruction et désireuse de solidarité et de paix. Sur ce point, nous avons encore un long chemin à parcourir.

Penser la liberté au masculin et au féminin, c'est penser l'instauration de relations respectueuses entre les genres dans toutes les dimensions de l'activité humaine. C'est un processus historique sans fin. À chaque époque, il faut, d'une certaine façon, recommencer. Hélas, nos acquisitions ou nos trésors éthiques ne s'ajoutent pas à un héritage commun qui permettrait de poursuivre le chemin de rapprochement amical des uns et des autres. Chaque génération doit inventer ou réinventer son histoire avec ce qu'elle a reçu de bon et de mauvais des générations précédentes. La réussite n'est pas garantie, mais sans l'utopie de bâtir des relations intègres fondées sur la justice, nous n'arriverons pas à «alléger les fardeaux que nous portons sur le dos», comme nous le rappelle l'évangile de Jésus.

Voilà un défi pour notre temps et pour chacun/chacune de nous dans nos divers contextes de vie!

Notes

[16] Voir à ce sujet Jan BAUER, «Seul le silence te protégera: les femmes, la liberté d'expression et le langage des droits de l'homme», dans *Essais sur les droits humains et le développement démocratique*, Montréal, Publication du Centre International des droits de la personne et du développement démocratique, 1966, n° 6.

[17] Voir *La phénoménologie de l'Esprit.*

[18] Jan BAUER, *op. cit.*, pp. 23-24.

[19] Julia ESQUIVEL, «La femme conquise et violée», dans *Concilium* 232, 1990, p. 85.

[20] *Déclaration universelle des droits de l'homme* – 1948: «Tous les êtres humains naissent libres et égaux en dignité et en droits.»

[21] Lire, à ce sujet, Gisèle HALIMI, *Droits des hommes et droits des femmes – une autre démocratie*, Montréal/Québec, Fides/Musée de la Civilisation, 1995.

5

LES IDÉOLOGIES DE LA LIBERTÉ: MOURIR POUR LA LIBERTÉ?

Qui n'a pas déjà entendu dire que la mort est préférable à l'esclavage! Qui n'a pas souhaité, ne serait-ce qu'un instant, mourir plutôt que de porter le poids d'une situation intolérable sur le plan personnel ou collectif, ou le poids d'une contrainte personnelle imposée par une situation politique et économique insoutenable? Qui n'a pas un jour entonné des chants patriotiques portant sur l'alternative entre la liberté pour la patrie ou la mort! Chacun/chacune de nous a déjà éprouvé une certaine fierté, ne serait-ce qu'au niveau de l'admiration personnelle, devant l'héroïsme et la dignité de ceux et celles qui ont été capables de mourir pour leurs valeurs. L'expérience de liberté que nous partageons ainsi, ou du moins l'interprétation que nous en faisons, nous porte à l'associer au risque de mort. Nous utilisons alors une logique alternative un peu simpliste qui présente les choses ainsi: ou bien la liberté ou bien la mort, comme si, dans tous les cas, on pouvait choisir. C'est ainsi qu'on pense faire de la mort un choix ou le prix à payer pour la liberté même si, de ce fait, on ne jouit pas de l'objet de ce choix ou de ce désir: la liberté. On présente la mort comme une option préférable à l'oppression, étant donné que l'oppression elle-même est insupportable et est, déjà, une certaine mort.

Je mets en doute la valeur d'une telle manière de concevoir la liberté. La mort serait alors une solution? Ne serait-elle pas plutôt la fin de toute alternative, de toute possibilité de choix, une sortie de l'Histoire qui se continue sans l'intervention de celui ou de celle qui a choisi la mort quand la liberté n'était pas possible? Est-ce qu'on choisit vraiment la mort ou est-ce que ce sont les autres qui l'imposent comme un châtiment ou comme une issue devant la menace de perdre leur pouvoir oppresseur? Je pense à la phrase qu'on attribue à Pierre Ier, roi portugais du Brésil, au temps de la colonie: «L'indépendance ou la mort!» a-t-il déclaré en proclamant, monté sur son cheval, l'indépendance du Brésil. L'indépendance par rapport au Portugal, oui, mais la mort par rapport à qui ou à quoi! Cet exemple illustre bien le cliché sur la liberté que nous entretenons tous et toutes, surtout quand il s'agit de proclamation politique ou même de certains comportements religieux. Voilà un exemple de l'idéologie de la liberté!

La mort représente-t-elle dans ce cas un choix réel ou s'agit-il plutôt de figures de style qu'on utilise pour exprimer la passion qu'on éprouve pour quelque chose qu'on désire intensément? Je me rends compte que le terrain sur lequel je m'aventure est complexe et plein d'ambiguïtés. Je le fais non pas en spécialiste des sacrifices religieux, claniques ou patriotiques, mais en travaillant la question à partir d'une observation empirique de notre actualité et en ayant pour but de montrer le caractère problématique de certaines de nos affirmations et pensées courantes sur la liberté, en apparence innocentes et incontestables.

L'histoire humaine nous apprend que le choix de la mort, ou son acceptation en vue de la liberté, peut être trompeur. Ce choix cache autre chose qu'une ou des valeurs. Il révèle la structure violente, la cruauté même qui nous habite et qui, de différentes manières, se manifeste dans nos relations et semble même se reproduire dans notre quête de liberté. Parce que l'autre, qui se présente sous la figure d'une personne, d'un groupe ou d'une institution, apparaît comme un obstacle à ce que nous croyons être notre liberté, il doit être éliminé de notre chemin. L'autre est l'obstacle, la barrière qui m'empêche de poursuivre ma trajectoire, la pierre sur mon chemin qui dérange mes plans d'acquisition de quelque chose. Alors, la violence dans ses multiples expressions est déclenchée.

Mourir pour la liberté ou tuer pour la liberté, voilà le nœud! Mais de quelle liberté parlons-nous? Celle d'un chemin personnel ou d'un combat politique? Celle qui nous conduit au bonheur désiré ou à la contrainte imposée? Et par quels moyens parviendrons-nous à réaliser notre désir?

Faire le choix de se sacrifier jusqu'à la mort peut aussi servir à entretenir une élite qui produit des armes de guerre et qui vit de la guerre. Par conséquent, ce que ces gens appellent «la liberté» n'est en fait que l'élimination des contraintes à la réalisation de leur projet. C'est une élite nécrophile qui a des alliés issus de diverses classes sociales et qui sont parfois inconscients de leur rôle de complices avec la mort. Ici encore, nous en revenons à la question de l'ambiguïté de l'existence et de nos choix. Nous touchons aussi à la question des idéologies de la liberté, le mot «idéologie» revêtant ici une connotation négative, c'est-à-dire un discours trompeur qui cache la réalité et nous aliène de nous-mêmes. Il semble que ce discours tragique qui associe la liberté à la mort soit inscrit dans notre culture, et ce, de plus en plus subtilement. Néanmoins, nous ne prenons presque jamais le temps de réfléchir à ce genre d'affirmations qui se présentent en diverses versions, si communes dans le monde actuel. Les grandes puissances économiques, les empires qui se croient capables de donner la liberté aux autres au prix d'un nombre important de morts aiment parler du prix de la liberté ou du prix de la paix. Mais qui paye le prix? Qui sont les victimes et qui sont les vainqueurs? Les exemples sont nombreux. Il suffit de penser au Vietnam, à l'Iraq, à Haïti et à tant d'autres régions du monde. Ce sont toujours des soldats issus des familles pauvres qui vont à la guerre et qui meurent pour la patrie, pour la liberté, pour la démocratie. C'est toujours la population civile, du moins actuellement, dans les guerres modernes, qui est attaquée, sans qu'elle ait le choix et sans qu'elle sache pourquoi. Ce sont des mercenaires pauvres, dans l'espoir d'avoir du travail, qui acceptent de faire le métier de la guerre et de s'exposer au risque de la mort.

Au temps des dictatures militaires en Amérique latine, on parlait communément des martyrs de la liberté, au sein de la société civile et au sein de l'Église catholique. Nous considérions les martyrs, ceux qui ont été persécutés par des régimes totalitaires et en sont morts, comme des exemples de vie pour continuer notre quête sociale de liberté. Ils devenaient également nos alliés au ciel, que nous étions invités non seulement à imiter mais à invoquer dans les moments difficiles de la lutte pour notre dignité volée. À chaque assassinat politique de personnes liées à des mouvements sociaux ou à des mouvements religieux, on parlait de nouveaux martyrs. Peut-être ce discours avait-il pour but de nous consoler de la perte de ceux que nous avions aimés et de nous donner les forces nécessaires pour continuer la lutte. Peut-être aussi rendait-il présents dans notre histoire quotidienne ceux et celles qui nous avaient été violemment et injustement enlevés. Cependant, une analyse plus critique de notre histoire nous permet d'observer qu'en fait, il y avait à cela des raisons plus profondes, liées à la structure sacrificielle de nos sociétés. On rapprochait les histoires de ces femmes et de ces hommes de celles des martyrs des premiers siècles et surtout de Jésus qui, disait-on, a accepté volontairement la mort comme prix du salut de l'humanité. On soulignait ainsi que, dans le cas de Jésus, un innocent était mort pour les siens.

Il existait même une certaine hiérarchie dans le martyre, hiérarchie qui correspond au système patriarcal dans lequel nous vivons. Les plus éminents étaient les évêques, suivis des prêtres, puis des hommes illustres et finalement des simples chrétiens et parmi eux des femmes. Le martyre d'un évêque, par exemple, provoquait plus d'émoi vu son statut social et sa notoriété publique que le martyre d'une religieuse ou d'un laïc. Il semble bien qu'ici, la liberté, indépendamment de la valeur de chaque personne, soit comprise dans un schème hiérarchique et sacrificiel. Il est important de comprendre cela pour ne pas se laisser prendre dans les mailles de ce schème. C'est pour cela qu'il faut dénoncer non seulement l'usage de la violence par le pouvoir, mais une autre forme d'exaltation de la violence par ceux ou celles qui sont devenus des victimes. Le danger existe de transformer les victimes en fétiches «intégrables», à la limite, dans le même système de violence. Et ceci tout en considérant la victime comme supérieure à ses bourreaux, et partant, exempte de complicité avec toute violence. Nous entretenons l'illusion de pouvoir justifier la violence symbolique comme une manière d'exorciser la violence réelle, matérielle, contextuelle.

Je reconnais pourtant la valeur de tant des gens assassinés à cause de leur engagement social et politique pour les plus pauvres, mais j'éprouve un malaise à considérer cette situation comme le prix à payer pour la liberté. De quelle liberté s'agit-il donc si les marginalisés continuent encore d'être marginalisés, si ceux qui luttent perdent la vie et ne libèrent pas leur patrie, si les affamés continuent d'avoir faim et surtout s'ils sont morts? De quelle liberté s'agit-il si la violence des armes devient parfois plus grande que celle de la faim? Et voilà qu'on ajoute la violence à la violence! Il n'y a pas de réponse directe à ces questions. Sauf la réponse de ceux qui prétendent que d'autres, demain, pourront jouir de la liberté pour laquelle on meurt aujourd'hui. Mais même ce raisonnement, ce pari ou cette foi soulève des doutes. Demain, c'est demain, un autre contexte, d'autres protagonistes, d'autres questions! C'est pourtant ce que semblent croire les hommes et les femmes-bombes, les kamikazes, qui se disent heureux de donner leur vie pour leur peuple.

Comment comprendre ces mécanismes de violence ordonnés à la liberté? Il faut réfléchir plus profondément sur ces questions et sur le délai ainsi imposé à l'expérience personnelle de liberté pour ne pas succomber à la tentation dc justifier certaines formes de violence.

Je crois bien que le chemin entrepris par Jésus et par tant d'autres hommes et femmes est allé à l'encontre de l'ordre politique et religieux établi et que c'est pour cela qu'ils/elles ont été persécutés et assassinés. Leur mort a été fomentée par les autorités politiques et religieuses qui les ont accusés, mais aussi par l'ignorance de la foule, habituée à faire le jeu du pouvoir, y inclus du sien. L'Histoire contient de multiples témoins de ce processus violent! C'est pourtant leur choix de vie éthique qui a attiré sur eux/elles la haine des pouvoirs et de la foule. C'est leur amour pour la liberté et pour la dignité des gens qui les a amenés à tomber dans les mailles de leurs ennemis et à être tués. C'est la cohérence de leur vie qui a attiré la haine des pouvoirs établis et de la foule complice. Et pourtant, jamais la guerre ou la mort n'a permis d'acquérir la liberté ou la dignité! La guerre ne mène pas à la liberté, même si l'histoire nous a appris que des guerres ont mené à la paix ou à la signature de l'un ou l'autre traité mettant fin au litige. Qu'est-ce qu'une telle paix acquise au prix de tant de morts gisant sur le terrain? C'est bien pour cela que, dans le cas de Jésus, il est préférable de parler de la mise à mort d'un combattant pour la liberté plutôt que d'un sacrifice pour l'humanité selon un schème religieux sacrificiel patriarcal. Selon ce schème, le sacrifice ou la mort est nécessaire pour parvenir à la vie désirée, à la vie juste.

Une telle affirmation condamne l'être humain à devoir sacrifier sa vie personnelle pour que vivent ses idéaux. Pourtant, comment sauver des idéaux quand on a perdu la vie? Ne serions-nous pas ici en présence d'un dualisme radical selon lequel il faudrait sacrifier son corps pour obtenir le salut de l'âme ou une liberté idéalisée? Ne serions-nous pas devant une aporie de la pensée qui propose des chemins ne conduisant nulle part? Un piège caché ne nous serait-il pas tendu ici et qui ne servirait qu'à maintenir le pouvoir des puissants? Je pense à René Girard qui, dans *Le bouc émissaire*, affirme que «les puissances de ce monde se divisent visiblement en deux groupes non symétriques, d'une part des autorités constituées et de l'autre la foule[22]». Nous oscillons souvent entre les deux, passant d'un côté à l'autre et jouant avec notre héritage de violence. Les deux côtés produisent la violence et y incitent. Tous deux, chacun à leur manière, sont à la fois des producteurs de violence et ses complices.

Même en tant qu'héritiers et héritières de ceux/celles qui ont combattu pour l'obtention d'une vie digne pour tous, la paix dont nous jouissons aujourd'hui n'a pas la configuration de celle pour laquelle ils/elles se sont battus. Nous vivons dans un contexte différent et dans un autre temps qu'eux/elles, même si ce contexte et ce temps ont un lien avec les précédents. Nous avons hérité de leur esprit de liberté et de leurs enseignements, que nous avons repris et interprétés selon notre propre contexte. Dans ce sens, c'est la quête de liberté que nous assumons et proposons aujourd'hui qui est notre juge à nos propres yeux et devant l'Histoire.

Cette réflexion me fait penser au discours du grand inquisiteur dans *Les frères Karamazov* de Dostoïevski. Je vous invite à reprendre ce livre magistral. L'inquisiteur rappelle à Jésus que s'il transforme les pierres en pain tout le monde le suivra docilement, mais s'il offre la liberté comme il l'a fait, les hommes auront peur, puisqu'il n'y a rien de plus insupportable que la liberté. C'est notre cas à tous/toutes, même si nous la désirons. Quelques-uns seront capables de se révolter contre l'autorité qui opprime et cette révolte pourra même inonder la terre de sang, mais elle ne les rendra pas libres[23]. Encore une fois, cela montre la nécessité de nous interroger sur le contenu que nous attribuons au mot «liberté» et de prendre conscience que ce que nous souhaitons ne se réalisera jamais conformément à notre souhait.

Toute vie implique sans doute des sacrifices. Il faut cependant replacer le sacrifice dans la dynamique de chaque existence et ne pas en faire la clé éthique de la vie, surtout si on réduit le sacrifice au schème du héros qui offre sa vie comme prix du salut de tous. Ce schème ne fait que reproduire une certaine idée de destin selon laquelle c'est le héros, le sauveur, le chef ou Dieu qui peut assumer la responsabilité de changer nos vies, et qu'il nous suffirait de lui obéir ou de le suivre. Il nous semble de la sorte n'avoir aucune originalité ni responsabilité. Néanmoins, nous pouvons nous situer autrement par rapport à ceux et celles qui ont lutté pour la liberté et voir tout simplement dans leur histoire une certaine répétition d'une constante de nos vies, à savoir la lutte entre les pouvoirs au sein de la société et la peur de la liberté. Nous pouvons alors tenter de découvrir dans l'histoire de leur vie des ressemblances et des similitudes avec la nôtre et y trouver matière à réflexion. Nous pouvons finalement sortir du mythe de la violence supposément rédemptrice et affirmer l'injustice de la mise à mort de tant d'innocents et l'absence de fondement des entreprises de guerre et de domination. Que pouvons-nous espérer d'autre? Telle est la question qui nous habite et la fragile issue que nous pouvons tenter de proposer.

Pourquoi alors continuer à affirmer que «mieux vaut la mort que le manque de liberté»? Des gens éminents pensent encore que le martyre peut être le prix à payer pour la liberté. Dans les récits historiques, comme les biographies de héros et l'histoire de différents groupes humains que l'on considère comme des sauveurs (les ouvriers, les paysans, les missionnaires et autres), on associe communément la mort à la liberté. Pour libérer son peuple, le héros, presque toujours un mâle, accepte de mourir. On dit qu'il donne sa vie pour que d'autres puissent vivre en liberté ou dans la paix. Le sacrifice de sa vie est considéré comme la garantie de la liberté de son peuple. Par son sang, il rachète le peuple. C'est ce qu'on a dit et écrit! Est-ce vrai? Quels ont été les effets réels de tels sacrifices dans la vie des gens et dans l'immédiat de leur histoire? Des changements qualitatifs concrets sont-ils survenus? S'agit-il plutôt d'un discours symbolique servant à calmer la douleur de nos blessures ou à apaiser notre cœur plein de tristesse? S'agit-il d'une consolation à notre souffrance, si répandue parmi les croyants pauvres en Amérique latine qui diront, par exemple: «Je souffre, mais Jésus a souffert beaucoup plus»? Ne vaut-il pas mieux, encore une fois, dénoncer l'injustice faite à tous ceux qui ont été assassinés, aux milliers de morts sans raison, aux persécutés de toutes sortes, et essayer d'organiser autrement notre vie en société? Nous sommes aveuglés par la logique de la violence, par la croyance que la violence est le seul moyen de restaurer la justice et la liberté. Penser autrement, c'est encore une fois s'exposer aux sarcasmes et à la violence des pouvoirs et des pensées établis.

Il n'y a pas de réponses toutes faites. Chaque situation historique porte sa marque particulière. Parfois, une amélioration de la vie d'un groupe est rendue possible après une période de grand bouleversement historique ou après la mort d'un leader. Il n'en est cependant pas toujours ainsi. Nous sommes à la merci des va-et-vient de l'Histoire, de la mobilité de nos passions, de nos humeurs et des situations. Nous séjournons dans le prévisible et l'imprévisible de nos histoires.

Un jour, à El Salvador, j'initiais un groupe de femmes du milieu populaire à une lecture féministe de la Bible. Toutes les femmes présentes avaient perdu leur père ou leur mari, un fils ou une fille dans la guerre civile du pays qui durait encore. En faisant l'analyse de leur situation, elles étaient toutes unanimes à affirmer qu'elles n'avaient pas gagné une graine de liberté avec la guerre. Au contraire, elles avaient gagné beaucoup de souffrance et la perte de leurs bien-aimés. Toutes, elles refusaient le titre de «martyrs» pour leurs enfants ou leur époux parce que, disaient-elles, cela aurait été un déguisement ou même une justification de la violence. Ce qu'elles vivaient était trop intense pour qu'elles acceptent de telles consolations. Tout ce qu'elles voulaient, c'était simplement que la guerre cesse! Elles cherchaient les moyens de promouvoir un processus d'entente nationale. C'était l'unique moyen de ne pas faire davantage de morts innocents! Pensons, dans le même ordre d'idées, aux monuments élevés en l'honneur des soldats «morts pour la patrie»! Quelle patrie? Qui sont aujourd'hui les soldats dits «américains» morts en Iraq? Pour quelle patrie et pour quelle liberté donnent-ils leur vie? Que dire aussi de tous les civils, jeunes, femmes, enfants, morts au nom de la liberté, en Iraq, en Palestine, en Israël, en Colombie et dans tant d'autres endroits du monde? De quelle liberté s'agit-il?

Encore une fois, pourquoi faut-il associer la liberté à la mort? Pourquoi la liberté exige-t-elle la mort pour advenir effectivement dans l'Histoire? Pourquoi, dans ces cas, ne pas parler de la mort comme d'une espèce d'échec dans la quête de liberté? Ou pourquoi ne pas parler de la mort comme d'une conséquence violente du manque de dialogue et d'entente entre les personnes, du désir de pouvoir et de profit, de l'aveugle compétition des marchés économiques, de l'aspect nécrophile de nos sociétés? Pourquoi ne pas avouer la violence qui nous habite tous les jours et se mélange à toutes nos actions et désirs? Pourquoi ne pas reconnaître en quelque sorte une violence constitutive de l'humain, une force capable de se déclencher sous forme de cruauté à certains moments? Pourquoi idéaliser la liberté liée à la mort? À qui sert cette idéalisation? Et à quoi sert tout cela?

Si nous nous demandions qui nous empêche réellement d'affirmer notre liberté, la réponse immédiate serait: les autres sont un empêchement pour nous-mêmes et nous le sommes pour eux. Les autres sont la source de notre esclavage et aussi de notre bonheur. «L'enfer c'est les autres», a dit Sartre! Mais le salut aussi c'est les autres. Le salut c'est l'autre en tant qu'il est mon semblable et que nous retrouvons l'un dans l'autre notre possibilité de vie et notre commune dimension éthique. C'est avec l'autre que nous vivons l'amour, c'est avec l'autre que nous fêtons l'arrivée du nouveau-né, que nous nous réjouissons de partager notre pain et notre vin. L'autre c'est l'enfer et l'autre c'est le ciel!

Il y a dans ces questions comme une espèce de «nœud» épistémologique et éthique. La vie et la mort sont liées, la vie inclut la mort, mais dans un sens différent des discours sur les rapports entre la mort et la liberté, surtout dans les milieux religieux et politiques où on a essayé de les associer au sacrifice. Vie et mort s'entremêlent, s'intègrent, s'harmonisent comme une espèce de café au lait indissoluble.

L'Église catholique romaine officielle n'a pas cessé d'utiliser ses martyrs et même les saints pour imposer une forme de compréhension idéaliste de la vie, à la limite magique et dualiste. C'est aussi, en un sens, une compréhension belliqueuse de l'Histoire. Comme si dans l'Histoire on pouvait séparer clairement le blé de l'ivraie, la perfection de l'imperfection, le bon du mauvais! Qui est seulement blé et qui est seulement ivraie? Qui parvient à n'être que parfait ou à être totalement libre? Ne faudrait-il pas dépasser cette pureté qui n'existe que dans les concepts de l'Occident dominateur? Ne faudrait-il pas admettre le *mélange* constitutif de notre être et nous en réjouir?

Le féminisme m'a aidée à comprendre la question des modèles de liberté. Oui, il y a des modèles de liberté et il y a des interprétations de la liberté! Il y a des politiciens ou des théoriciens, et parmi eux des théologiens, qui établissent ce qu'est la liberté. Ils posent les lois de la liberté. Ils l'enferment dans leurs lois et idéologies. Ils veulent soumettre les autres à leurs projets de liberté et utilisent des lois et des armes au nom de cette liberté. Ce qui semble être de la liberté devient de l'esclavage. Souvent, ces gens n'acceptent que leur propre modèle de liberté, qui peut être un modèle impérialiste de domination comme nous le voyons actuellement, une domination qu'ils présentent ou interprètent comme de la liberté ou comme une défense des libertés.

Les modèles de liberté sont liés aux modèles de société et nous sommes éduqués selon ces modèles. Même notre foi religieuse et nos convictions théologiques participent de ces modèles, qui ont l'air d'être purs, révélés par Dieu, indépendants des contraintes historiques. Souvent, nous ne pensons pas à nous interroger sur nos modèles de liberté ou sur ceux que les politiciens ou les théologiens nous présentent. Nous croyons naïvement à la liberté à sens unique. Nous croyons qu'elle signifie la même chose pour tout le monde. J'ose affirmer qu'alors elle ne veut rien dire sur le plan de notre expérience existentielle effective.

L'histoire des relations humaines montre combien cette évidence du sens de la liberté est trompeuse. Il faut entrer dans une dynamique plus complexe de pensée parce que la réalité sociale et notre existence personnelle sont plus complexes. De même en est-il de notre quête de liberté et de nos petites conquêtes!

Je me rends compte que nous avons développé un modèle de société et une anthropologie sociale assez sacrificielle comme pour souligner encore plus la violence qui nous habite, comme pour insister davantage sur nos divisions que sur notre capacité de solidarité. Je ne connais pas vraiment les origines de cette façon de nous comprendre et de nous comporter. Il y a sans doute quelque chose qui est lié à notre évolution biologique et culturelle. Notre modèle de liberté semble suivre ce *nous* collectif que nous sommes devenus. Et ce modèle sacrificiel est fortement marqué par le dualisme hiérarchique qui est notre lot, surtout en Occident. Dans la tradition chrétienne également, ce modèle dont nous avons hérité, surtout à partir des alliances avec l'empire romain, est fort et continue de l'être dans la nouvelle vague de fondamentalisme chrétien qui assaille surtout les pays du tiers monde.

Le dualisme est la conception qui prône une opposition des contraires, mais de façon à toujours affirmer la supériorité de l'un des termes sur l'autre. Le supérieur domine toujours. C'est une espèce de conception belliqueuse de l'existence, où il doit toujours y avoir des vainqueurs et des vaincus, des maîtres et des esclaves, des supérieurs et des inférieurs, des bons et des mauvais, des anges et des diables, pour les inciter à se combattre entre eux. Ce dualisme nous fait croire à la possibilité d'identifier de façon absolument non équivoque le bon et le mauvais côté de l'Histoire. Et, à partir de cette conviction, il a fallu vaincre la chair, la nature, le corps, les femmes, la matérialité au nom de l'esprit, de l'âme, de l'immatériel, de la culture, du savoir, de la science. Aujourd'hui, on assiste à l'apparition de nouveaux dualismes politiques et religieux. D'une part, on place souvent la liberté du côté de l'esprit, même si elle concerne le concret des relations humaines. On la comprend également comme un idéal, comme quelque chose d'abstrait et de difficile à atteindre. D'autre part, on réduit souvent la liberté à la folie idéologique d'un groupe qui, par l'hégémonie politique qu'il exerce sur un pays ou sur une région, impose son modèle comme étant l'unique modèle de liberté. Divers groupes socialement et politiquement opprimés aspirent à la liberté comme à cet idéal difficile à atteindre. Et, de nouveau, l'ombre de la pensée nécrophile couvre la terre!

Une manière, même imaginaire, de défendre un idéal c'est, dit-on, de mourir pour lui. Le fait de mourir pour l'idéal de la liberté ou d'interpréter ainsi la mort contribue, à mon avis, à maintenir le dualisme entre l'esprit et la matière. Ce dualisme finit toujours pour favoriser ceux et celles qui sont considérés comme étant du côté de la culture dominante, du côté de l'esprit, du côté de la richesse et du pouvoir dominateur. Cela favorise ceux et celles qui sont considérés comme les meilleurs et qui, à cause de cela, peuvent utiliser la vie de tant d'autres pour servir leurs idéaux de liberté. Un autre versant de la même histoire consiste en ce que les puissants tuent les pauvres et en font des martyrs ou des héros pour faire oublier les atrocités commises, et les utilisent ensuite pour apaiser la révolte des gens. Une fois qu'ils sont morts, il suffit de quelques dollars pour en faire des héros ou pour élever des monuments en leur honneur ou encore pour bâtir des églises ou des chapelles à leur mémoire. Le même argent qui a servi à acheter des armes et à tuer ces personnes, sert à leur édifier des mausolées ou des monuments.

Nous avons faim de liberté effective et concrète comme, entre autres, le droit de partager la terre que réclament des milliers de paysans. La possession d'une parcelle de terre est un moyen concret qui permettrait aux paysans de s'affranchir de la soumission aux grands seigneurs terriens, de gérer les récoltes de manière autonome et de vivre avec dignité. Tous les acquis réels de liberté, même provisoires, sont concrets, c'est-à-dire qu'ils sont faits d'événements vécus, de relations expérimentées, de situations de liberté renouvelables à chaque période de l'Histoire.

De même, pour nous, femmes du monde entier, la lutte pour notre dignité et pour notre pleine citoyenneté est un droit, mais les formes de notre revendication de liberté sont plurielles. Goûter, dans les limites de l'Histoire, à notre rêve d'égalité, c'est parvenir aujourd'hui à une égalité de droits même s'il faudra reprendre le combat demain. Ce rêve n'est jamais totalement réalisé ni totalement vécu, et pourtant, le goûter même de manière limitée nous fait éprouver du bien-être et une joie de vivre. Chaque génération et chaque personne le reprennent autant de fois qu'il est nécessaire. Sur ces chemins, il y aura toujours des malentendus, des persécutions et des morts. Et ces événements tragiques seront alors le fruit de la violence, de l'ignorance et de l'envers de la liberté, qui nous habitent aussi. Si cela arrive, c'est-à-dire le déchaînement des multiples formes de la violence, c'est à cause de nos limites, de notre condition encore peu éveillée à la responsabilité par rapport à notre humanité commune. Quand cela arrive, c'est, dans un certain sens, l'échec, en ce moment précis, d'une quête de liberté. Pourquoi ne pas reconnaître que l'échec est une réalité de notre existence? Et pourquoi ne pas oser apprendre de nos échecs? C'est la liberté qui nous fait vivre, la mort au combat est un accident de parcours. Ceux qui tuent les gens qui se battent pour la terre, pour de meilleures conditions de vie ou pour affirmer l'égalité de leurs droits, les tuent à cause de leur désir incontrôlable de profit et de domination. On inflige la mort et les persécutions au nom du profit ou du maintien d'un système de privilèges économiques, politiques et même religieux. C'est la loi du profit qui est un esclavage et qui tue, et non la liberté. C'est la loi du pouvoir illimité qui mène à la mort, c'est la loi injuste, la loi qui a deux poids et deux mesures qui est capable d'enlever la vie de diverses manières. Je me souviens d'avoir étudié dans ma jeunesse le rapport entre la loi et la liberté selon saint Paul. En pensant à saint Paul, je me rappelle que ce sont les lois instaurées par les pouvoirs établis qui imposent des frontières de toutes sortes pour maintenir la pauvreté, le racisme, le sexisme, l'injustice dans les relations. Ce sont elles qui produisent la mort. La loi, cette chose en partie nécessaire, peut nous conduire à la destruction, à l'esclavage, à la dépendance. C'est par la loi qu'on connaît le péché, dit-il! Il en est ainsi parce que les lois sont souvent faites pour favoriser une minorité par rapport au droit de tous/toutes. Ceux qui font la loi sont souvent les premiers à la déshonorer.

C'est la liberté qui doit inspirer la loi. Ainsi, de même que les lois peuvent aider à protéger la liberté, à garantir le contrat social entre les personnes, de même elles peuvent promouvoir la domination sous toutes ses formes ou la servir. Ceux/celles qui luttent pour de meilleures conditions de vie ne cherchent pas à s'exposer à la mort, même s'ils/elles savent qu'on placera toujours des pièges sur leur route. Ils/elles cherchent la vie. La mort injuste est un accident, prévisible ou non, dans la quête de relations humaines plus équitables. Il n'y a jamais eu de prix à payer pour être libre et il ne doit pas y en avoir. La liberté, la quête de la terre, la quête d'égalité entre les personnes ne sont pas des marchandises et ne peuvent pas être réduites à des marchandises ou à des valeurs si abstraites que nous n'arrivions jamais à les vivre dans les limites temporelles de notre histoire.

Nous pouvons comprendre autrement notre quête de liberté. Il est possible qu'un autre modèle, moins sacrificiel, prenne corps en nous et parmi nous. C'est un pari, une utopie, une foi. Ne pourrions-nous pas repenser la liberté selon un modèle de plus grande interdépendance entre toutes nos relations? Ne pourrions-nous pas penser la liberté selon un modèle de démocratie participative qui soit moins producteur de violence? Ne pourrions-nous pas promouvoir une liberté associée à l'amour pour nous-mêmes et pour notre prochain? Certainement que oui, je pense, même avec toutes les difficultés actuelles. L'histoire de nos guerres, de nos révolutions, de la violence de nos institutions, nous a appris combien ces chemins hiérarchisés sont destructeurs. Elle nous a aussi appris à poser et à reconnaître tant de gestes d'amour, de soin du prochain, de partage, d'accueil de ceux et celles qui sont tombés en chemin. L'amour trouve encore sa place parmi nous. Il ne nous a pas abandonnés malgré la folie de notre violence.

Notre conscience collective nous incite à chercher d'autres chemins que nous pouvons déjà apercevoir dans l'action de certains groupes considérés comme marginaux par rapport aux pouvoirs établis. Nous pouvons les apercevoir chez les objecteurs de conscience, chez les groupes de non-violence active, les coopératives et les communautés alternatives, et dans la pensée de tant d'intellectuels de notre temps qui essayent de nous aider à nous comprendre de façon plus holistique et plus solidaire. Il y a encore beaucoup de chemin à faire, mais nous sommes en marche vers une autre compréhension du monde, vers une autre création de nous-mêmes. Une petite lueur brille au milieu des ténèbres de notre temps et il faut l'aider à se maintenir encore plus vivante.

Notes

[22] René Girard, *Le bouc émissaire*, Paris, Grasset, coll. Le Livre de Poche, 1982, p. 171.

[23] Sur la peur de la liberté, il ne faut pas oublier le livre d'Erich Fromm, *The fear of freedom*, London, Routledge & Kegan Paul, 1966.

6

RELIGION ET LIBERTÉ: RÉFLEXIONS EN RAPPORT AVEC L'EXPÉRIENCE CHRÉTIENNE

Avant d'aborder ce thème, il faut s'entendre sur la signification des deux mots «religion» et «liberté», même si chacun/chacune de nous dispose de certains repères intuitifs à leur sujet. C'est pourquoi je propose de considérer la compréhension plus ou moins courante et familière de ce qu'on entend par «religion» et par «liberté» comme la base minimale et le point de départ de notre réflexion. Les chapitres précédents ont permis de nous accorder sur un tel procédé, même si cet accord peut demeurer problématique et fragile. Nous prendrons donc ces deux mots à partir de l'univers familier dans lequel nous baignons. Par conséquent, au lieu d'élaborer une théorie à propos de ces termes, nous les prendrons tels qu'ils nous habitent, pour ensuite les interroger.

Dans un sens large, la religion est associée à la croyance en certaines valeurs qui donnent un sens à notre vie personnelle et qui nous dépasse. C'est comme un horizon dans lequel nous découvrons qui nous sommes et où nous choisissons de demeurer. La religion nous oriente vers un chemin au-delà de nos intérêts purement individuels, comme si nous obéissions à une réalité toujours plus grande que nous-mêmes. C'est à l'intérieur de ce monde de valeurs que nous faisons l'expérience de la liberté, laquelle se présente comme une invitation constante à ne pas nous laisser dominer, à conquérir notre autonomie par rapport à nous-mêmes et sur les diverses forces qui agissent sur nous. Nous réfléchirons donc ici sur quelques aspects qui touchent la dynamique des rapports entre nos croyances et notre liberté.

Avant de m'engager dans cette réflexion qui prétend dépasser les expériences personnelles, les miennes et les vôtres, je dois attirer votre attention sur le fait que notre subjectivité constitue un piège toujours présent et par conséquent inévitable, parce qu'elle est nécessairement le point de départ de nos analyses et s'infiltre dans tous nos efforts d'objectivité. Il faut donc admettre que c'est moi, à la première personne, qui vous propose de réfléchir dans une direction précise, ce qui représente une limite. De même en est-il de votre subjectivité: vous êtes le point central de l'accueil et des réactions à ma pensée et à votre propre pensée. Nous ne pouvons jamais faire fi de notre subjectivité et du contexte dans lequel nous vivons et que nous portons en nous! Néanmoins, il ne s'agira pas pour moi, ici, de décrire mon expérience religieuse en relation avec la liberté, mais plutôt de relever des points communs qui, dans notre vie actuelle, semblent significatifs pour vous et pour moi. Même si chacun/chacune de nous est habité par les questions de notre temps et par celles de son histoire personnelle, nous pouvons essayer d'appréhender des aspects communs de notre expérience. Parfois, ce sont les questions de notre temps qui apparaissent comme les plus importantes et d'autres fois ce sont nos questions personnelles, nos blessures, notre désir d'avoir des réponses qui semblent occuper toute la scène de notre existence. Ce sont alors nos questions qui prennent le plus d'importance, même si nous n'oublions pas notre contexte. Nos questions deviennent en quelque sorte les questions du monde et celles du monde peuvent aussi devenir nos questions. Parmi les réponses disponibles, nous choisissons celles qui semblent s'ajuster à notre propre façon de nous comprendre et de comprendre notre monde. Nous refusons les réponses que nous ne voulons pas et celles qui ne semblent pas ajustées au schème d'interprétation et de valeurs qui est le nôtre aujourd'hui. Il arrive souvent que nous voulions considérer nos réponses provisoires comme des réponses pour tous/toutes. C'est ainsi que chacun/chacune de nous a tendance à se considérer comme un certain universel et à vouloir que d'autres adhèrent à cet universel: je veux que l'ensemble des personnes réagissent comme moi et comprennent les choses à ma manière. Et ce comportement se vérifie également quand il s'agit d'une foi religieuse. D'où la tentation de prosélytisme et l'avènement de l'intolérance religieuse comme des fruits de nos propres convictions. La source de l'intolérance que nous découvrons chez l'autre se trouve aussi en nous-mêmes et c'est ce qui nous permet de le qualifier d'«intolérant». À partir de nous-mêmes, nous faisons de l'autre un ennemi, un étranger, un conservateur, un progressiste, un païen ou encore un ami ou un complice.

La prise de conscience de la complexité de la religion, surtout sous l'aspect des réponses personnelles que nous avons trouvées, est le sol sur lequel nous ferons les premiers pas dans notre réflexion. Ce terrain, c'est celui de nos croyances profondes, des règles que nous avons reçues ou que nous nous donnons à nous-mêmes. Et c'est bien pour cela qu'il n'est pas facile de travailler philosophiquement et théologiquement les rapports entre religion et liberté. Le sentiment, l'histoire personnelle et la culture rendent l'objectivité en cette matière très difficile. Néanmoins, nous sommes invités à faire face à ce défi et à essayer d'avancer ensemble en vue du bien commun. C'est ce bien commun qui doit mobiliser notre effort de compréhension réciproque. L'existence du bien commun signifie qu'il y a du bien dans la communauté humaine et non seulement dans les personnes et les groupes qui estiment être les détenteurs de la vérité pour le monde.

Au point de départ, il faut, me semble-t-il, admettre que la signification des mots «religion» et «liberté» n'est pas nécessairement liée à leur association. Ils se présentent comme deux mots distincts. Ce sont les personnes qui, intentionnellement, effectuent un rapprochement entre ces deux mots à partir de leurs convictions et du sens qu'elles ont bâti dans leur vie. À première vue, ces deux mots peuvent aussi bien s'exclure que se rapprocher. De plus, si on les rapproche par la conjonction «et», il faut s'attendre à ce que ce rapprochement donne lieu non pas à une seule mais à diverses interprétations. Pour certaines personnes, la religion a été un lieu de contrainte, de peur et de domination. Elles ne peuvent donc pas concevoir positivement le rapprochement entre la religion et la liberté. Pour d'autres, l'expérience religieuse ayant été source de libération, le rapprochement devient ainsi plus facile. De toute façon, les manières de concevoir la proximité ou la distance entre la religion et la liberté, soit au niveau personnel, soit au niveau institutionnel, sont multiples. Comme les personnes, les institutions traversent des moments d'ouverture à la liberté et des moments d'intolérance et de persécution, même envers leurs propres adhérents qui osent penser autrement que le pouvoir officiel, politique ou religieux.

Situons-nous maintenant dans notre monde actuel, marqué par un développement sans précédent des techniques et technologies de toutes sortes. C'est un monde stigmatisé aussi par une violence structurelle, une violence qui révèle de façon très particulière la capacité humaine de destruction et même de cruauté. Cependant, mon point de vue ne se veut pas seulement négatif ou critique, il voudrait nous inviter aussi à reconnaître qu'au milieu de tout cela, nous avons été capables de poser des gestes d'amour et de solidarité. Nous avons été capables de produire la science, de sortir de certains obscurantismes et de découvrir des aspects merveilleux de l'organisation de toute vie. La vie est un processus dynamique de construction et de destruction, de négatif et de positif, les deux aspects se soutenant l'un l'autre. Même si je ne m'attarderai pas là-dessus, il est important de garder à l'esprit cette anthropologie qui considère que le *mélange* nous caractérise en tant qu'humains. J'insiste sur ce point parce que, surtout dans les périodes de crise sur le plan de la connaissance, de crise sociale et de crise écologique, nous sommes tentés de penser que tout ce que nous avons fait a été destructeur. Pris d'un pessimisme étourdissant par rapport à nous-mêmes, nous sommes alors davantage portés à mettre les horreurs en relief qu'à souligner les gestes constructifs et de solidarité. Rappeler que le *mélange* nous caractérise en tant qu'humains c'est reconnaître que nous, qui avons persécuté et tué les sorcières, avons aussi été capables de reconnaître notre ignominie; nous, qui avons fabriqué les dictatures militaires, avons aussi réalisé leur pouvoir meurtrier; nous, qui avons créé des rapports de genre fondés sur une prétendue supériorité masculine, commençons à rire de nos propres convictions. La conscience que nous sommes des êtres de *mélange* consiste à découvrir qu'au milieu du bon et du mauvais venant de nous et des autres, nous pouvons faire des pas qualitatifs. Oublier ces pas, ce serait oublier notre condition réelle. Nous ne sommes ni seulement des loups les uns pour les autres, ni seulement des agneaux, des victimes innocentes ou des individus complètement soumis aux pouvoirs établis. C'est ce même *mélange* qu'on retrouve dans la conception qu'ont des divers aspects de la vie humaine les sagesses traditionnelles comme, par exemple, le christianisme primitif.

De même, je vous invite à ne pas oublier nos réflexions sur le multiculturalisme dans lequel nous vivons, ainsi que sur l'usage des religions pour légitimer les pouvoirs existants. Ces éléments nous permettent de nous rendre compte que le rapprochement entre religion et liberté aujourd'hui ainsi que l'expérience chrétienne sont marqués par ces nouveaux défis de notre monde et que, par conséquent, ils rendent cette relation plus complexe. C'est pour cette raison que nous sommes invités à considérer le christianisme comme un phénomène pluriel, qui n'a pas été égal à lui-même au cours des siècles. Même ce que nous croyons stable et essentiel au niveau de notre foi est marqué depuis toujours par l'instabilité et les changements. Ce qui est considéré comme stable s'ajuste depuis toujours à l'instabilité de l'Histoire, qui le façonne selon les contextes et les cultures. Voilà donc l'orientation de base qui permettra de comprendre la suite de notre réflexion.

Dans un article paru en 1972[24], Edouard Schillebeeckx rappelait que, pour le système technique et instrumental dans lequel nous vivons, il n'existe pas d'objectifs liés à des valeurs ni de sens préétabli à poursuivre. Il n'y a que des moyens et des fins qui, à leur tour, deviennent à nouveau des moyens et ainsi de suite. Selon lui, la société scientifique technocratique n'arrive pas à thématiser son propre sens. Au contraire, il y a un recul du sens ou, en d'autres termes, la question du sens de l'existence ne revêt pas beaucoup d'importance. C'est plutôt la capacité de répondre aux besoins immédiats, de se satisfaire dans l'instant et de choisir maintenant qui compte. Le temps le plus important est le présent, mais un présent fugitif, toujours instable. Les gens, surtout les jeunes, se sont habitués à vivre ainsi. Il semble que ce soient les personnes des générations plus anciennes qui se sentent le plus mal à l'aise dans la structure actuelle du monde. Ce sont elles, parce qu'elles se sont référées à des valeurs plus ou moins stables, qui interrogent cette sorte d'oubli, au moins apparent, de la question du sens.

Les scientifiques et les technocrates cherchent des moyens toujours plus performants pour ceci ou pour cela, puis d'autres moyens encore en vue d'une efficacité immédiate, et ainsi de suite. Ils ne sont pas les seuls à chercher ou à créer du sens. À la limite, nous pourrions même dire que notre temps est parvenu à exprimer la question du sens de diverses manières, dans des mouvements populaires, littéraires, philosophiques et artistiques, par l'affirmation du manque de sens ou par la dénonciation de ce manque, ou même par l'invention de nouvelles catégories de sens, différentes des catégories traditionnelles. Je me souviens d'une chanson d'un groupe de jeunes garçons des bidonvilles de Rio, au Brésil, qui, après l'énumération des tragédies de la vie quotidienne, a pour refrain: «Je ne veux qu'être heureux dans ce bidonville qui m'a vu naître.» La quête de sens se manifeste par la négation de la réalité violente qui est là. Heureux dans un bidonville? dirions-nous, sceptiques. Il faut souligner le mot «heureux» et considérer le bidonville comme un lieu de vie simple où on doit pouvoir trouver ce qui est essentiel à une vie digne. Or, la société productrice de violences dénie même ce droit à l'essentiel et, par là, refuse aux gens la possibilité de donner à leur vie un minimum de sens et d'espoir.

Un jour j'ai rencontré un adolescent de mon quartier qui était un clochard. Comme c'était sa fête, il m'a demandé un cadeau. À ma grande surprise, il désirait avoir une petite souris blanche (comme celles qu'on utilise en laboratoire) pour lui tenir compagnie. J'ai exaucé son désir. Depuis un certain temps, je le vois dans les rues, la souris accrochée à sa chemise. Il la soigne, la nourrit; c'est sa façon originale de donner un sens à sa vie, même s'il ne peut pas dire les choses ainsi.

La mentalité technologique et consommatrice qui génère de plus en plus de violence et qui non seulement atteint maintenant l'Occident mais pénètre à divers degrés dans toutes les sociétés, nous a fait oublier jusqu'à un certain point nos expériences primaires dites religieuses. Nous avons perdu notre capacité de voir, d'entendre, de toucher, de sentir les odeurs, de célébrer les petites choses de la vie; nous avons perdu aussi notre capacité de nous rendre mutuellement heureux et heureuses par les choses simples de la vie quotidienne. Il semble que cela soit de plus en plus vrai dans les grandes villes du monde, où on dit que «le temps c'est de l'argent» et où il faut parcourir des kilomètres de routes encombrées de voitures pour aller visiter un ami. Nous avons laissé la course aux moyens pour satisfaire nos besoins ou nos désirs prendre la place du sens de l'importance des relations et de la proximité humaine. Nous avons de la difficulté à prendre le temps de réfléchir au sens de notre existence et à trouver des lieux propices pour ce faire. Nous nous sentons parfois submergés par toutes sortes d'obligations: notre métier, nos engagements journaliers et nos devoirs. C'est effectivement dans les grandes villes que ce phénomène est particulièrement grave.

Le sens religieux de la vie n'est pas né d'abord des institutions religieuses ou des religions institutionnalisées, mais de l'organisation de la vie courante dans sa simplicité et sa complexité. C'est là son terreau. C'était autour des grands et des petits événements qu'on tissait le sens de la vie, et on le célébrait de multiples façons. C'est autour des peurs et de l'émerveillement devant la vie que nous avons tissé des dentelles de sens et que nous sommes arrivés à créer nos propres divinités. Notre mémoire primitive est pleine de poussière et il faut essayer de la nettoyer et de la récupérer. Il ne s'agit pas de faire un retour au passé ou à l'archaïque, mais de nous approprier certaines réalités qui font partie des choses essentielles de notre vie sans qu'il faille remonter trop loin dans le temps pour en vivre. Ce sont ces choses simples, vécues ensemble, qui nous situent dans l'essentiel de ce qui constitue la religion.

La religion est relation, liaison entre personnes et entre événements significatifs. Elle est un lien de sens qui rassemble les fils de notre existence. La religion vient de nous, du processus complexe de notre évolution, de notre créativité. La religion est l'expression de l'art du sens de notre vie. Et, dans cette perspective, elle est une expérience plurielle et très diversifiée.

Nous constatons souvent que nous avons perdu notre capacité d'expérimenter ce que nous appelons «Dieu», même sur le plan du sens que nous donnons à notre existence. Comment sommes-nous arrivés à dire: «Dieu»? Il ne s'agit pas ici d'opérer une sorte de reprise de la démarche cartésienne[25], mais d'observer ou de comprendre autrement la vie des différents groupes humains. Auparavant, nous avions l'impression que Dieu, un personnage très particulier, composait plus harmonieusement le décor de nos vies. Il semblait intervenir du dehors, organiser notre vie à la manière de quelqu'un qui exercerait un pouvoir sur nous. De même, nous nous sentions davantage enveloppés par le mystère qui traverse toutes choses. Plus l'humanité avance sur le plan des connaissances techniques, plus nous avons la sensation de perdre la profondeur de nos expériences existentielles. Ce phénomène, aujourd'hui largement répandu, est sans doute plus significatif dans certains milieux, notamment chez les intellectuels. D'où l'importance d'en faire une piste de réflexion pour notre démarche.

Il faut nous demander à nouveau et autrement pourquoi et comment nous avons créé des religions. Il ne s'agit pas de reprendre les analyses de Freud sur l'origine psychologique des religions ni de considérer celles-ci comme une fantaisie collective répondant à nos multiples insatisfactions. Ou encore, de reprendre la critique de Marx et de Feuerbach des religions comme «opium du peuple», ce que sont effectivement devenues, du moins en partie, les religions institutionnalisées. Mais il s'agit de comprendre la religion comme réponse à des interrogations ou à des besoins de notre humanité. Et il faut nous demander si pour l'humanité actuelle, celle qui est marquée par le pluralisme et la complexité des relations, le sens des religions est identique à celui qu'il avait pour nos ancêtres. Les religions ont-elles la même fonction? Et nous pouvons aller encore plus loin et nous interroger sur notre religion, sur nos convictions communes et sur les valeurs qui nous unissent.

Je fais un pari sur le sens du croire et sur les modifications observables socialement dans la vie des croyants et des croyantes: celui/celle qui s'affirme croyant transporte toutes ses croyances dans ses relations. Croire est une forme particulière de perception du réel. On perçoit le réel comme traversé d'un sens préalable à lui-même, comme si on lisait déjà dans le réel une certaine écriture des choses, comme si on reconnaissait, dans l'Histoire, des significations apprises d'une certaine tradition. Nous nous servons de ce que nos parents et d'autres nous ont raconté ou enseigné, pour découvrir et interpréter le monde. Ainsi, croire c'est faire un pari sur le réel, accueillir un horizon, une orientation, une direction, un sens particulier marqué par une certaine bonté, un certain projet de vie et, par conséquent, un certain sens. Quand, par exemple, nous croyons que la terre est la source de toute vie, il semble qu'un soin, un respect et une vénération président à toutes nos actions. Quand on croit au soleil comme source d'énergie et de pouvoir, on éprouve une sorte de révérence devant lui, révérence capable de produire des comportements humains particuliers. Quand, dans les années 1970, la théologie de la libération en Amérique latine a conçu la libération historique des structures économiques et politiques d'oppression comme une expression du projet de Dieu pour le monde, plusieurs d'entre nous avons fait un pari de foi, nos engagements sociaux devenant une option de foi. Nous avons lu les événements du monde à partir de cette clé de la foi et cela changeait notre manière de nous comporter et de nous comprendre. Dans ce cas particulier, nous ne pouvions pas penser la religion, plus précisément le christianisme, autrement qu'à la lumière des processus de libération. De même, certaines personnes croient à l'action de Dieu dans leur vie sous la forme d'une intervention magique; ainsi en est-il du diable également. Il semble qu'on assiste à la résurgence d'un manichéisme relativement important dans nos sociétés contemporaines, surtout parmi les masses de croyants pauvres et chez certains politiciens qui se servent de la religion pour atteindre leurs buts. Tout ceci pour dire que ce sont nos multiples interprétations, entre autres celles que nous faisons de l'héritage chrétien, qui nous rapprochent ou nous éloignent de la quête de liberté. Ainsi, notre manière de vivre et de comprendre la liberté se situe dans un système de valeurs, un système symbolique qui enveloppe notre existence.

Nos croyances sont fondées sur des raisons, mais elles comportent aussi quelque chose qui n'est pas de l'ordre de la raison. Nous ne pouvons pas les expliquer complètement. La dimension raisonnable des croyances relève de la raison pratique, comme dirait Kant, et non de la raison théorique, comme le sont, par exemple les mathématiques. Pourtant, nos croyances ont aussi, pour les autres et souvent pour nous-mêmes, quelque chose qui n'est pas de l'ordre de la raison. Et nous voici encore une fois au niveau de la subjectivité et de l'histoire de chaque personne. Nos croyances subjectives sont capables de nous mouvoir et de mouvoir notre monde dans diverses directions!

Traditionnellement, dans l'Église catholique on pouvait presque expérimenter Dieu comme une évidence naturelle. Dieu était un concept acquis dans toute sa complexité. Le catéchisme débutait par la question: «Qui est Dieu?» Et la réponse venait claire et nette: «Dieu est un Esprit parfait, créateur du ciel et de la terre, de toutes les choses visibles et invisibles.» Nous acceptions cette explication souvent sans oser poser d'autres questions.

Notre relation aux anges et aux saints était aussi réelle que peut l'être celle que nous avons avec les héros des contes de fées qui, tout en étant imaginaire n'en est pas moins réelle. Le réel n'est pas composé seulement de ce qui est calculable et scientifique. Il est également formé de nos interprétations, de nos illusions, de nos désirs, de nos projections, de nos rêves bons et mauvais. Le réel, c'est l'interprétation que nous faisons de notre monde et de nous-mêmes, même si cette interprétation comporte des illusions.

La croyance est une forme particulière de perception du réel. Si tel est le cas, le croyant et la croyante font une expérience autre que celle prônée par le monde de la technologie. Le monde de la croyance est habité d'un sens différent de celui de la technologie. La technologie capitaliste propose une universalisation de ses moyens, ce qui remplace la quête de sens que les sagesses traditionnelles éclairaient. Ces formes de sagesse doivent souvent se soumettre aux projets de la société technologique qui va même jusqu'à les utiliser comme des marchandises pour le profit capitaliste. La technologie, dominée par le capitalisme, est tout à fait capable d'instrumentaliser aussi les religions pour les mettre à son service et les transformer en objets de profit. Il y a donc, dans ce cas précis, un conflit entre ces deux sources de sens qui s'entrecroisent dans notre existence. C'est comme si le profit financier voulait toujours gagner du terrain sur le cœur humain.

Aujourd'hui, surtout dans les grandes villes du monde, la croyance a perdu sa forme originale primitive. Avec le temps, elle a revêtu tellement de vêtements que, bien souvent, nous ne savons plus ce que c'est que croire. Ce qui est plus grave encore, c'est que nous détachons nos croyances de nous-mêmes comme si elles étaient extérieures à nous-mêmes, acquérant ainsi un pouvoir sur nous indépendamment de nous. C'est là la source de ce que Feuerbach et Marx ont appelé l'aliénation religieuse. On dira facilement par exemple: «Je ne crois pas en Dieu», ou «Je ne crois pas dans un Dieu mâle et tout-puissant», ou «Je ne crois pas au ciel après la mort», etc. Dans un premier temps, la formulation de nos croyances ne vient pas de nous. Nous les avons reçues et nous les accueillons ou non. Il faut ensuite leur permettre de naître de nouveau en nous-mêmes, les faire nôtres pour qu'elles aient de la consistance. C'est alors seulement qu'elles deviennent notre foi, nos valeurs, nos options de vie. Les schèmes religieux autoritaires occultent souvent la nécessité de cet effort personnel d'assimilation et d'acquisition de nos propres certitudes et incertitudes.

Les manifestations religieuses qui sont le plus mises en évidence aujourd'hui en Amérique latine et peut-être ailleurs, proviennent des moyens de communication de masse. Je parle spécialement de la «télé-évangélisation». Il y a une espèce de totalisation du sens qui s'impose et finit par produire un esclavage, une diminution de la dignité humaine, une exploitation de la bonne foi des gens ainsi qu'un processus qui retarde la possibilité d'instaurer un autre ordre économique, social et politique. On veut nous faire croire que toutes les souffrances et injustices devraient être apaisées par les systèmes religieux. On nous vole notre force d'organisation et notre force politique. Des théologiens contribuent à une telle entreprise en aidant à ajuster les contenus des croyances de façon à valider le système établi. Le rôle de la théologie devient ambigu. Plutôt que favoriser la compréhension du sens de notre foi, elle cherche à l'ajuster aux systèmes de pouvoir établis. Ce rôle de la théologie n'est pas nouveau. Dès le XVIIe siècle, le philosophe juif Spinoza disait que la théologie était un moyen privilégié de susciter le désir de l'obéissance. Grâce à la peur et à l'ignorance des masses, elle peut être une forme de pouvoir utile pour contrôler les gens[26]. Dans cette perspective, l'autorité dite spirituelle est un instrument qui sert à maintenir la superstition, la servitude volontaire, la domination et la violence politique. Nous sommes déjà sur le terrain du rapprochement et de l'éloignement entre la religion et la liberté ou plus exactement entre la théologie et la liberté. Aujourd'hui, pour certaines Églises télé-évangélistes, il ne s'agit même pas de faire de la théologie, mais de promouvoir un ensemble de superstitions fondées sur une mauvaise interprétation de la Bible. Le sentiment d'abandon social subi par tant de pauvres et de moins pauvres fait d'eux une proie facile pour ces nouvelles Églises aux innombrables promesses. Il semble que cela apporte aux gens un sentiment de sécurité et de protection que leur injecte la figure du prêtre ou du pasteur au cours de rencontres de prière. Que devient la liberté dans tout cela? Elle dégénère en une adhésion à une parole d'autorité capable de soulager l'insécurité et la douleur. Elle se réduit à faire le choix qui semble le meilleur, celui du chemin religieux que proposent les évangélistes du monde global comme s'ils avaient la solution aux innombrables problèmes de la population.

L'orientation critique de ma pensée quant à l'aliénation religieuse de notre liberté est d'abord une invitation à reprendre constamment la réflexion sur les formes d'esclavage de notre siècle pour ensuite ouvrir de nouveaux chemins pluriels de liberté. C'est en ce sens que, selon moi, le point de départ de toute action de liberté c'est la réflexion sur l'expérience plurielle de l'esclavage dans ses multiples formes et expressions historiques. Il semble que l'esclavage soit le lot de tous les êtres humains, un esclavage à multiples visages, fruit de notre propre finitude. Dans le langage de saint Paul, nous pourrions dire que tous «sont sous l'emprise du péché, comme il est écrit: "Il n'est pas de juste, pas un seul[27]"». Malgré cette solidarité dans l'esclavage, inhérente à notre condition, nous ne sommes pas toujours conscients de la forme particulière qu'il prend dans notre vie personnelle. Une telle prise de conscience, par laquelle nous identifions notre propre vulnérabilité face à certains vices ou au conformisme qui, au nom d'un attachement au passé, nous empêche d'accueillir la réalité présente, constitue un pas qualitatif dans notre existence. L'esclavage est une forme de mal, de souffrance, qui nous met à la merci de la volonté d'autrui, de lois injustes et même de nos propres tendances. L'esclavage est aussi un système économique qui exploite le travail des autres pour le bien des petites élites. L'esclavage est un système politique qui favorise des minorités et abandonne la majorité à la famine. L'esclavage est un système social qui maintient des castes et des classes sans citoyenneté reconnue. L'esclavage est l'interdiction de penser et de vivre selon un modèle différent de celui des dominateurs. L'esclavage est un système basé sur le genre et désigne la domination de l'un sur l'autre. L'esclavage est aussi un système psychologique à l'intérieur de nous-mêmes, qui nous rend captifs et captives de nos propres fantasmes, de nos peurs, du moi que nous nous sommes forgé. Et toutes ces formes peuvent être légitimées par des croyances, manipulées par des institutions religieuses, particulièrement par leurs officiers, et obscurcir notre liberté.

L'esclavage a donc revêtu, tout au long de l'histoire humaine, des formes plurielles qui sont interreliées de manière complexe à l'intérieur de chaque personne et de chaque groupe. Il s'est mêlé à notre quotidien et s'est exprimé dans divers comportements, actions et réactions, même si nous n'en étions pas conscients.

C'est bien à partir des expériences concrètes d'esclavage que l'appel à la liberté s'est fait entendre dans la vie des prophètes et de Jésus, et dans le message chrétien primitif. Dans ce sens, nous pouvons dire qu'il y a aussi différentes formes de libération, chacune d'entre elles correspondant à une situation particulière. Il ne s'agit pas d'une liberté philosophique, d'une aspiration sans objet précis: la vocation à la liberté s'est toujours présentée comme un effort de libération par rapport à des situations précises. C'est pour cela qu'elle est un mouvement continuel, inhérent à l'historicité de notre condition humaine.

Dans les grandes traditions humaines de sagesse, la liberté personnelle a toujours été conçue comme un mouvement pour accéder à un stade qualitativement meilleur, à partir du vécu particulier de chaque personne. Dans la tradition chrétienne, cette conception de la liberté enracinée dans le vécu va de pair avec l'affirmation que Dieu est liberté. On affirme par là que la liberté est un des visages de Dieu et on en fait une valeur inaliénable pour chaque humain, sur le plan de la transcendance aussi bien que sur celui de l'immanence. Cette manière de concevoir la liberté à partir du vécu réel et concret conduit à reconnaître la multiplicité et le pluralisme des manifestations de la liberté tout au long de l'Histoire. Au fond, dire que Dieu est liberté, c'est dire Dieu sans le dire, c'est le dire sans le réduire à aucun concept, c'est en parler sans absolutiser aucun dire, c'est parler dans le souffle mouvant de toute existence. Dire que Dieu est liberté, c'est affirmer le non-pouvoir absolu de tous les pouvoirs sur nous. C'est une expression poétique qui indique le sens mais ne l'enferme pas, comme le «vent qui souffle où il veut» et que personne ne peut contenir. D'où l'importance d'être vigilants pour ne pas succomber à la tentation de l'esclavage y compris d'un esclavage qui a Dieu, ou plus exactement un concept de Dieu, comme Seigneur.

Même si elle peut être détruite, la vie est toujours plus qu'elle-même. Dès que je donne un sens à ma vie, je me dépasse, c'est-à-dire que je ne suis pas collée à moi-même, je me transcende du fait même de me dire, de m'expliciter, de m'interpréter, de me penser et de penser les autres. Comme dirait Pascal, notre grandeur se situe dans le fait que nous savons cela, que nous connaissons notre fragilité, nos contradictions, notre quête de sens. Et c'est dur de le savoir. Nous essayons souvent de l'oublier et nous choisissons les systèmes de dépendance et de sécurité. Nous sommes d'autant plus portés à choisir la dépendance et la sécurité que notre vie est fragilisée, qu'elle est à la merci des choses les plus élémentaires dont dépend notre simple survie.

Dans cette perspective, la quête de liberté est un combat contre la souffrance, contre le mal qui nous atteint de différentes manières. Dans la façon dont le Bouddha, Jésus et d'autres se sont mis en rapport avec la multiplicité des souffrances humaines concrètes, on peut voir un «appel à la liberté» à travers des situations précises.

J'aimerais maintenant partager, de façon plus organisée, quelques brèves intuitions par rapport à l'expérience de Jésus, avec l'objectif de saisir de façon indirecte des aspects de son expérience de liberté. Il s'agit sans doute d'une interprétation issue de ma propre contextualité et, de ce fait même, limitée. J'approche ce que j'appelle «la liberté de Jésus» à partir de moi-même, de mes valeurs et de mes choix. La référence à Jésus est donc conditionnée par ma vie personnelle. La conscience de cela évite plusieurs équivoques et surtout la tentation d'imposer à l'autre une interprétation comme si elle était la vérité de ce qu'a vécu Jésus. Mes intuitions sont le fruit d'un effort de compréhension, elles correspondent au stade actuel de ma recherche personnelle en rapport avec des questions suscitées par notre monde. J'aimerais commencer ce partage réflexif par des considérations de nature historique, qui visent à montrer que nos croyances religieuses ont évolué dans le cadre des limites qui sont celles de nos existences particulières et de l'Histoire des peuples. Je suis persuadée qu'au niveau de l'institution religieuse surtout, ma réflexion à ce sujet ne suscitera pas un accord. En général, les institutions religieuses soumettent l'Histoire à leur idéologie religieuse, souvent dualiste. Je voudrais essayer de valoriser l'événement Jésus de Nazareth dans un ensemble de situations historiques. Et, à partir de l'Histoire comme succession d'événements, récupérer l'originalité de l'action de Jésus et de son mouvement. Mon intention n'est nullement de proposer ces réflexions comme des vérités scientifiques ou des vérités de foi. Ce que j'avance s'appuie sur la raison et sur une recherche qui nous incite à trouver des ouvertures pour notre monde, fondées sur la justice et la solidarité, et en rapport avec le meilleur de ce que nous avons créé dans le passé. C'est dans cet esprit que je propose ici un travail d'exégèse biblique de textes du Nouveau Testament sur la liberté. La littérature sur le sujet est abondante. Mon rôle sera plutôt de vous inviter à penser l'apport de Jésus et de son mouvement à partir d'une vision historique existentielle faisant appel le moins possible à des catégories métaphysiques et mythiques. Je crois que cette méthode de travail permet de rendre plus compréhensibles pour notre temps certains aspects de la tradition de Jésus.

Le christianisme n'a pas toujours eu le visage que nous lui connaissons aujourd'hui. À chaque moment de l'Histoire, il a pris le visage de ceux et celles qui se réclamaient d'une vision particulière du monde, liée de diverses manières à

Jésus. On peut le vérifier aussi bien dans notre histoire personnelle que dans l'Histoire universelle. Par exemple, il est évident que la foi chrétienne reconnue par l'empereur romain au IVe siècle n'était pas celle des groupes contemporains de Jésus ni des personnes qui l'avaient suivi de son vivant. De même, Augustin n'a pas compris le message chrétien d'une manière identique à celle des mystiques du Moyen Âge ou du romantisme du XIXe siècle. Ce que nous appelons la foi chrétienne évolue et prend constamment des formes particulières selon les temps et les contextes. Découvrir cette évolution sur les plans personnel et collectif, c'est aussi découvrir comment une structure historique, sociale et politique soutient la foi d'une communauté de croyants et de croyantes. Voici quelques brefs exemples par rapport à Jésus et aux croyances qui se sont développées autour de lui.

La croyance en Jésus comme le fils de Dieu

Comment peut-on découvrir l'origine existentielle de la croyance selon laquelle Jésus est le fils de Dieu? À quelle expérience de vie d'un groupe précis la relier?

La Palestine a connu, sous la domination romaine, plusieurs révoltes des pauvres. Artisans, paysans, travailleurs sans métier établi, mendiants sans droits civils se sont révoltés. La faim faisait partie de leur quotidien. Les impôts ne manquaient pas. Les inégalités sociales étaient énormes. C'est ainsi que les classes appauvries commencèrent à participer à des mouvements sociaux révolutionnaires contre ceux qui les dominaient au nom du Dieu tout-puissant. Les pauvres haïssaient l'oppresseur et son Dieu. C'est ce contexte de révoltes qui a permis le développement de la croyance que l'un d'eux, un homme, est devenu le fils de Dieu et a ensuite été reconnu comme Dieu[28]. Ce Dieu n'est cependant pas celui de l'Empereur, le dieu d'un dominateur, mais un Dieu parmi nous, à l'image de nos rêves de liberté et de nos idéaux de justice. Sans doute que l'héritage du messianisme juif est bien présent dans la culture locale, mais il me semble qu'il y a plus que cela. Je soupçonne qu'il y a ici comme un saut qualitatif dans notre histoire humaine. Nous nous rendons compte que ce Dieu en nous et parmi nous (Emmanuel) nous invite à aller au-delà des modèles politiques et religieux dominants, nous invite à la liberté, comprise ici comme le refus de nous soumettre à ceux qui nous enlèvent notre droit de vivre et d'être heureux. C'est une liberté qui s'exprime dans la quête des petites et grandes libérations, selon notre situation. Dans la proclamation de Jésus comme fils de Dieu, nous nous proclamons aussi comme fils et filles, frères et sœurs capables, malgré le spectacle de servitude du monde, d'affirmer notre désir de liberté. C'est l'affirmation de ce désir qui nous permet d'accueillir une même filiation humaine/divine et de faire des pas vers la justice dans notre histoire quotidienne.

La foi en Jésus, le libérateur

Quel sens cela pourrait-il avoir de croire en Jésus ou de miser sur les chemins qu'il a tracés, à partir du témoignage de tant de sœurs et de frères? Quelle dimension le contact avec lui et la mémoire de son histoire et de celle de ses disciples, femmes et hommes, ajoutent-ils à notre quête de liberté?

Les chemins tracés par Jésus de Nazareth pouvaient être considérés comme libérateurs, c'est-à-dire qu'ils pouvaient dessiner de nouvelles espérances pour les pauvres et les opprimés. Jésus a pris le parti de ceux et celles qui, selon les critères de l'empire ou ceux de pureté du Temple, étaient des sans-dieu. Son Dieu était identifié symboliquement par des actions concrètes, comme l'exprime bien le chapitre 25 de l'évangile de Matthieu: visiter les prisonniers, partager son pain, habiller ceux qui sont nus... Il s'agit d'une foi qui se manifeste par les pratiques simples de chaque jour. Elle ne nie pas la détresse du monde mais revendique la liberté, sur la base de la reconnaissance de leur valeur humaine, pour ceux et celles que le pouvoir établi considère comme étant sans valeur. Alors, la veuve, l'orphelin, la prostituée, le lépreux, le paralytique, le sans-logis, l'étranger ont droit à la reconnaissance. Leur reconnaître publiquement ce droit, c'est une manière de proclamer qu'ils sont libres de vivre, c'est affirmer leur droit à la vie. Leur vie ne tire pas sa valeur des biens, des richesses, de la santé ou de l'acceptation sociale. Elle vaut par elle-même. C'est là quelque chose d'extrêmement dérangeant pour les systèmes de pouvoir religieux et politiques fondés sur une hiérarchie, qui établit la valeur des personnes sur l'attribution à certaines d'entre elles d'une forme de supériorité. Jésus n'inaugure pas un système de liberté, un modèle particulier à suivre. Il valorise ceux qui sont sans valeur. C'est donc à l'intérieur même des structures qui croient promouvoir la liberté et la justice qu'il montre du doigt l'absence de liberté de vivre que subissent particulièrement les pauvres et les marginalisés de toutes sortes. Ceci ne veut pas dire que les riches et les puissants sont libres. Ils sont dans la même dynamique de relations d'esclavage, submergés par le souci de conserver leurs biens, qu'ils veulent défendre par-dessus tout. La différence entre leur condition et celle des pauvres se situe dans le fait qu'ils jouissent d'un bien-être qui repose sur la sueur et le sang des autres. C'est en créant de nouvelles relations de justice, de partage et de miséricorde qu'on peut vivre «Dieu» autrement, qu'on peut expérimenter une autre qualité de relation qui devient elle-même notre père et notre mère. Nous naissons à nouveau par des relations nouvelles. Nous vivons dans le «Dieu» de Jésus en vivant l'amour effectif pour nos sœurs et nos frères.

La foi en Jésus, le fils de l'humain

Comment pouvons-nous proclamer la divinité de l'humain? Comment croire en l'humain, un être faible et lui-même source de toutes sortes de détresses? Comment croire que l'humain est capable de rapports de bonté, de justice et de tendresse?

J'ai l'intuition que le mouvement de Jésus fait contrepoids à un certain pessimisme juif par rapport à l'être humain, qui considère que le péché sous toutes ses formes — violence, vol, mensonge, injustice — éloigne l'être humain de Dieu. Jésus ne nie pas nos détresses et nos péchés, mais il compte avec eux, et il veut nous convaincre que nous pouvons nous entraider et nous sauver réciproquement. Il invite à une responsabilité communautaire et à des gestes de salut issus de nous-mêmes. Jésus est donc l'un de nous; il fait partie de notre humanité. Mais l'humanité qu'il partage avec nous n'est pas celle des oppresseurs, de ceux qui vendent la vie des pauvres et qui ne leur paient pas le juste salaire; il n'est pas le fils du dieu de l'Empereur, ce père mauvais, cruel et insouciant à l'égard de ses enfants. Le Dieu de Jésus est la négation d'un tel père et il s'affirme comme le Dieu en nous, l'Emmanuel, le Dieu d'une relation de proximité, qui nous rappelle ce que nous vivons dans nos foyers, une relation d'intimité et de partage entre frères et sœurs, entre amis et amies. Ce Dieu a fait son habitation dans les cœurs de ceux et celles qui subissent toutes sortes d'injustices mais qui ne se vendent pas, de ceux et celles qui ont un cœur de chair, c'est-à-dire qui communient au sort des pauvres et qui sont solidaires d'eux pour s'en sortir. Ce Dieu en nous nous attire vers l'autre tombé sur la route comme le fait un aimant, nous éveille à la beauté de la nature, au miracle de la vie, nous invite à aimer le monde.

Selon ma perception, il y a ici à nouveau un saut qualitatif, un abandon des divinités magiques, de celles qui font des promesses au-delà des évidences historiques, comme si elles disposaient d'une force magique pour changer l'Histoire. La tradition de Jésus, même si nous avons souvent eu la tentation de la réduire au spectacle, n'en est pas une de ce genre. C'est à l'intérieur même de notre vie ordinaire que des pas qualitatifs doivent être faits pour créer des relations respectueuses et libres.

L'appel éthique

Quel sens a cet appel? Y a-t-il encore moyen de reprendre l'appel éthique présent dans la tradition de Jésus, celui qui se fonde sur l'amour de l'autre comme soi-même? Cet appel ne serait-il pas une fantaisie, sans consistance réelle, surtout dans un monde aussi individualiste que le nôtre?

Nous aimer les uns les autres, partager notre pain, aimer nos ennemis, haïr notre père et notre mère, aimer les autres comme nous-même: voilà des enseignements éthiques contradictoires à première vue, mais qui, en réalité, ont trait à des situations historiques précises et, en même temps, comportent une dimension éthique universelle. Leur contradiction vient du fait que nous nous sentons à la fois capables de reconnaître, par exemple, l'importance de partager notre pain, mais que nous éprouvons en même temps la difficulté de le faire au sein des structures économiques élitistes que nous avons bâties et en raison de notre cupidité. L'aspect contradictoire de ces enseignements apparaît aussi dans le devoir que nous avons d'assumer notre propre vie et non seulement de nous soumettre à la loi du père et de la mère.

Nous savons aussi que l'éthique vient de nous et qu'elle nous ouvre à la dimension de la transcendance du cœur de l'humain. L'humain est toujours plus que lui-même, même s'il nous apparaît moindre, nous l'avons répété maintes fois. Bien que nous soyons capables de nous détruire les uns les autres, nous sommes aussi capables d'aimer, de vivre la miséricorde et la justice. C'est bien à cause de cette capacité que nous parvenons à dénoncer nos œuvres mauvaises et à convertir nos cœurs de pierre en cœurs de chair. C'est cela la transcendance éthique. Et cette transcendance nous essouffle puisqu'elle nous semble immense. Parce qu'elle est trop grande, nous la nommons «Dieu». Ce qui semble être à la fois en nous et de nous, mais aussi plus grand que nous, nous le nommons «Dieu». Il en est de cela comme de l'expérience de l'amour dans le Cantique des Cantiques. Nommer Dieu c'est nommer ce qui est en nous et de nous et qui, en même temps, est beaucoup plus que nous.

L'appel du sens

Existerait-il un sens qui soit plus grand que l'immédiat de l'amour, l'immédiat d'un verre d'eau qui apaise la soif, celui du pain partagé avec son voisin? Existerait-il un sens plus grand que celui de regarder les lis des champs et d'admirer leur beauté? Existerait-il un sens et une beauté plus grands que ceux de contempler l'exubérance de la vie dans le visage d'un enfant? Existerait-il un sens plus radical que celui de dénoncer le mensonge d'Hérode et de son pouvoir? Existerait-il un sens plus fort que de prendre un enfant dans ses bras ou d'embrasser un ami que nous n'avons pas vu depuis longtemps?

Cette éthique vécue au quotidien et dans l'immédiat de la vie ouvre un nouvel horizon de sens parce qu'elle est capable de bâtir la communauté humaine, depuis ce qu'on appelle les relations courtes jusqu'aux relations longues, les relations politiques, par exemple. Ce sens n'est pas donné d'avance, il se bâtit au milieu des contradictions de notre histoire et de notre vie personnelle. Il s'agit d'un mouvement sans fin, c'est-à-dire qu'il n'y a pas de port d'arrivée. Une génération s'en va, mais d'autres reprendront la recherche et l'affirmation du sens éthique de l'existence humaine. Cet appel n'est pas toujours entendu par tous et toutes. C'est un appel à devenir ferment dans la masse sans savoir qu'on l'est. Et là, il n'y a pas d'explications qui soient satisfaisantes. Cela fait partie de l'inconnu inhérent à notre finitude et de la complexité de notre existence. L'histoire est aussi le résultat de nos rapports attendus et inattendus, prévisibles et imprévisibles, et de tant de variables qu'il devient impossible de les identifier toutes.

Une nouvelle compréhension de Jésus fils de Dieu et de Jésus fils de l'homme ou de l'humain s'est instaurée au moment où le christianisme est devenu la religion de l'empire romain. De même, tout au long de l'Histoire, de nouvelles compréhensions ont continué d'advenir. Il semble que l'appel éthique ait été oublié quand l'expérience de Jésus a été identifiée aux pouvoirs de ce monde. Ces pouvoirs et les nouvelles institutions ont réinterprété à leur manière la première expérience chrétienne et son option pour les pauvres marginalisés. En même temps, on assiste à la croissance de nouveaux groupes dans l'effort pour retrouver la drachme perdue ou la perle de grande valeur, celle qui fait la différence parce qu'elle est porteuse du sens de notre existence. Et nous savons combien l'histoire de nos rêves éthiques, de notre solidarité se mêle à tant de contradictions et ambiguïtés! Il n'y a pas moyen de sortir de cette condition. C'est en elle que nous annoncerons les nouvelles, parfois bonnes et parfois mauvaises.

Religion et liberté peuvent s'unir et peuvent s'exclure. Tout dépend de la façon dont chacun/chacune de nous réagit aux valeurs de sa propre existence. De toute façon, il ne faut pas oublier que la liberté est au centre des grandes traditions religieuses comme un appel éthique à nous approcher les uns des autres, à cesser les formes d'esclavage, à bâtir ensemble des rapports solidaires, à préserver et faire grandir la beauté de notre monde, même si parfois nous sentons monter en nous les forces de la haine et du mépris de l'autre. Mais il ne faut pas désespérer de l'humain. L'aube qui se lève peut annoncer le réveil de la liberté qui dort mais ne meurt pas.

Notes

[24] E. Schillebeeckx, «Hacia un futuro definitivo: promesa y mediación humana», dans *El futuro de la religión*, Salamanca, Sígueme, 1975.

[25] Descartes se demandait comment l'idée de Dieu lui venait à l'esprit.

[26] Voir Marilena Chauí, «Política em Espinoza», *Companhia das Letras*, São Paulo, 2003.

[27] Lettre aux Romains 3, 9-10.

[28] Voir à ce sujet le livre d'Erich Fromm, *Le dogme du Christ et autres essais*, Bruxelles, Éditions Complexe, 1975.

7

LA GLOBALISATION CAPITALISTE ET L'AFFIRMATION DES LIBERTÉS: UNE PERSPECTIVE ÉTHIQUE

J'avoue que j'ai de la difficulté à travailler ce thème malgré son actualité. Cette difficulté réside d'abord dans le manque de moyens pour l'aborder de façon originale. J'éprouve aussi une sorte de désarroi ou de tristesse devant la constatation que la misère grandit aujourd'hui dans divers pays malgré les possibilités qui sont les nôtres de vivre autrement en partageant les richesses. Dans un sens, cette misère est une négation de la liberté ou des libertés. Qu'est-ce que la liberté quand je vois pleurer mes enfants parce qu'ils ont faim? Qu'est-ce que la liberté quand les hôpitaux refusent de soigner des malades par manque de médicaments? Qu'est-ce que la liberté devant l'industrie de la guerre? Qu'est-ce que la liberté devant la destruction progressive des écosystèmes et la pollution de l'air et de l'eau? Qu'est-ce que la liberté quand je ne sais pas penser par moi-même et ne fais que répéter des mots d'ordre? J'éprouve le sentiment que toutes les tentatives pour trouver une issue à cette impasse, les paroles sensées, les conseils, les avertissements et les principes semblent vains dans l'immédiat, c'est-à-dire incapables de fournir du travail, de donner à manger et de soigner des milliers de personnes. De plus en plus aussi, c'est la violence sous ses divers visages qu'on propose comme réponse aux problèmes. Les gens ont du mal à choisir d'autres méthodes pour trouver des solutions à leurs problèmes immédiats. Il semble que la violence soit la seule porte de sortie, ce qu'elle n'est pourtant pas. La quantité de groupes qui s'organisent pour répondre à cette violence structurelle par toutes sortes d'agressions grandit chaque jour. En langage symbolique, c'est comme si notre créativité avait les oreilles bouchées à tout autre son que celui de l'agression des autres: on est agressé et on agresse; on est volé et on vole; on est blessé et on blesse. J'éprouve aussi du désarroi devant la lenteur des propositions et des politiques qui proposent des alternatives valables. Quand on parvient à avancer de quelques pas, souvent des empêchements de toutes sortes interdisent de poursuivre la route si bien entreprise. Je me rends compte à quel point les technologies et les pouvoirs capitalistes établis ont récupéré à leur bénéfice les acquis de certaines luttes, celle des femmes, par exemple, ou encore celles contre le racisme ou en faveur de l'écologie. Et, à l'intérieur de chaque mouvement pour la liberté, il y a des tensions, des divisions, la reproduction du même système de violence malgré la volonté d'agir différemment. Pourtant, il me semble que, malgré ce désarroi et ce sentiment d'instabilité sociale et émotionnelle qui nous atteint de diverses manières, nous devons oser nous redire à nous-mêmes ce en quoi nous croyons. Et ceci avec l'objectif de semer, dans notre pratique quotidienne, de petites graines qui feront partie du jardin alternatif qui sera le nôtre pour nourrir notre espérance.

Aujourd'hui, différents groupes cherchent à promouvoir des moyens pour sortir de cette espèce de dépendance du modèle unique de société proposé par l'empire américain et ses satellites. Ce modèle unique semble nous avoir volé non seulement la capacité de gérer nos biens matériels autrement, mais aussi la possibilité de choisir et, à la limite, celle d'exercer notre liberté. Il a tendu de nouveaux pièges à l'affirmation de notre liberté et, par conséquent, nous a lancé de nouveaux défis. Si, d'un côté, nous nous sommes libérés de comportements de domination et de certaines contraintes, d'un autre côté, nous sommes tombés dans d'autres formes de servitude, déguisées en nouveauté par les mêmes pouvoirs. Nous nous sentons perdus et n'avons plus de certitude par rapport à notre avenir. La conscience que la vie de la planète et de ses habitants est en danger s'accroît. Nous en sommes arrivés au stade où nous sommes capables de détruire toute vie sur la planète et de nous condamner nous-mêmes à la mort! Toutes sortes d'organisations et de groupes religieux s'unissent dans la recherche de chemins communs pour faire face à cette puissance de destruction qui nous submerge, en même temps que, paradoxalement, elle nous séduit, surtout par les inimaginables inventions qui l'accompagnent. Oui, la séduction est là; la preuve en est que ceux d'entre nous qui le peuvent se laissent prendre par les bénéfices de ce monde facile, soulignant par là la contradiction entre nos valeurs et notre quotidien.

Nous nous rendons compte de l'interdépendance de toutes choses et des limites de notre cohérence. Tout en portant un jugement critique sur l'excès du besoin de nouveauté auquel nous en sommes venus, sur la production de gadgets de toutes sortes et sur la consommation maladive, nous reconnaissons les bienfaits que nous ont apportés des technologies extraordinaires, qui facilitent et enrichissent la vie humaine. Et nous nous réjouissons de tout cela!

Personne n'est une île, aucun groupe ne peut vivre complètement isolé des autres. La contagion de nos belles et de nos mauvaises actions et découvertes est inévitable. Alors, comment pouvons-nous réussir à créer des relations plus justes? Et comment situer cette valeur que nous appelons la liberté dans ces nouveaux contextes?

Notre réflexion a pour objectif d'essayer de poser quelques repères, dont la tradition de Jésus, permettant de jeter un peu de lumière sur la manière de faire face à ce pouvoir sans précédent que la globalisation nous impose et à la pauvreté, elle aussi sans précédent, dans divers pays du globe. D'une part, nous sommes encore loin des rapports d'égalité et d'équité tant rêvés et, d'autre part, nous sommes convaincus que l'évangile de Jésus n'a pas de réponses toutes faites à nos multiples questions. Effectivement, nous sommes à une étape très spéciale de notre évolution culturelle. Les certitudes de pouvoir actualiser nos utopies et nos espérances dans l'Histoire se sont changées en incertitudes. Nous sommes invités à vivre le provisoire, à discerner et à agir dans le provisoire, à assumer nos responsabilités dans le provisoire, à aimer dans le provisoire. C'est cela, dans un sens, la fin des certitudes d'un monde qui croyait se comprendre à partir d'une rationalité scientifique capable de créer la liberté et le bonheur. Et je crois qu'il ne faut pas regretter cette fin, mais trouver dans l'instabilité de notre temps beauté et justice, amour et paix, sur la base de nouvelles références.

Le XXIe siècle s'ouvre sur l'affirmation de la victoire du modèle de globalisation capitaliste au moyen des marchés mondiaux dits libres. La liberté se déplace donc des personnes aux marchés. Il semble que la liberté se définisse en fonction de comportements garantissant, à première vue, la vie des plus forts, de ceux qui sont les grands entrepreneurs de la technologie et des marchés économiques. Mais, en même temps, il me semble que cette victoire s'accompagne d'un saut qualitatif, même si on l'exprime par la négative. Ce saut qualitatif, prometteur de changements, se manifeste par une incrédulité croissante en la capacité de ce modèle culturel et économique d'assurer le bien-être de tous les citoyens et citoyennes du monde. La méfiance est presque générale. Les mouvements alternatifs, soutenus par des scientifiques, s'accordent pour affirmer que ce modèle n'offre pas à l'ensemble de la population mondiale actuelle les conditions d'une vie digne. Comment ne pas entendre les cris contre l'exploitation économique des pays riches? Comment ne pas avoir honte du trafic d'enfants et de jeunes filles? Comment ne pas être sensibles à l'objection de conscience des jeunes qui disent non à la guerre? Comment ignorer tous les parias de la société, ceux et celles qui dénoncent l'inégalité et l'immoralité des politiques économiques et culturelles?

Le tiers monde qui, plus exactement, comprend les deux tiers de la population du monde, est constitué en majorité de femmes, d'enfants et de vieillards. À leur sujet, le capitalisme, au stade actuel où il se trouve, a décidé de ne plus montrer un visage humain. Il n'y a presque plus de protection sociale pour ceux et celles qui, selon ses critères, sont considérés comme improductifs. Les pauvres savent qu'ils n'auront aucune chance de vivre dans ce système. De plus en plus, on les considère comme du superflu, comme ceux qui dérangent et entraînent des dépenses inutiles pour le système. L'évolution technologique, ayant rendu la main d'œuvre moins nécessaire que par le passé, entraîne une augmentation du nombre de chômeurs et chômeuses partout. Le travail rémunéré devient presque un luxe dans les pays pauvres, sans parler des pays riches. Et l'État pourvoyeur du passé perd sa fonction et son pouvoir devant celui des grandes transnationales qui, ne relevant d'aucune nation ni d'aucun État en particulier, ne sont soumises à aucune instance politique qui pourrait contrôler leur action et faire appel à leur responsabilité.

La culture de la globalisation se répand sur la base d'une conception anthropologique qui réduit l'être humain à l'économique, à la production en faveur du profit du même système élitiste. Même le droit au plaisir, un droit humain fondamental, est soumis à la logique des marchés, qui s'imposent de diverses manières comme les maîtres de notre «temps libre». Ceux et celles qui ne s'intègrent pas au processus reproductif de ce système en multipliant la richesse, n'y participent pas. C'est ainsi que, chaque année dans le monde, des milliers de personnes sont exclues des bénéfices auxquels elles ont droit. Le nombre de misérables dans le monde augmente avec ou sans la bénédiction des Églises ou des religions. Quelques-uns d'entre eux, avec l'aide des systèmes religieux, acceptent leur sort, alors que d'autres se révoltent. Les religions se mêlent de plus en plus des affaires des pauvres et offrent des services d'assistance ou de consolation qui, souvent, finissent par favoriser le système capitaliste. Ici encore apparaît le rôle contradictoire des institutions religieuses dans un monde d'économie dite globale!

Jamais auparavant on n'a considéré à tel point l'être humain sur le plan exclusivement économique. Et à cause de cela, la liberté aussi est réduite à l'économique. Par surcroît, il s'agit de l'économique dans un sens très limité, soit celui de la consommation de biens de production. De même, on n'a jamais considéré l'être humain comme aussi inutile. C'est là une caractéristique imposée et créée par le capitalisme de notre temps. Auparavant, nous nous estimions comme des êtres plus créateurs et créatifs. L'être humain se considérait comme un créateur d'art et de sens pour soi et pour ses semblables. Il créait des chansons, des poèmes, des mythes, savait raconter des histoires aux enfants et comprenait autrement le sens de la vie, par la culture et la création dont la valeur n'était pas nécessairement monnayable. La question du sens avait du sens. Aujourd'hui, il arrive souvent que l'art et la littérature, qu'on présente comme des activités de développement pour les pauvres également, soient liés aux entreprises de communication sociale, productrices de capital. Une faible partie du surplus est consacrée au développement, c'est-à-dire au salut de quelques personnes au sein du même système de domination qui se perpétue. Il ne s'agit pas d'une constatation nostalgique devant mener à un retour impossible au passé, mais d'une invitation à penser notre présent et, surtout, à reprendre de façon créative la question du sens de notre existence et celle de la liberté.

Aujourd'hui, c'est la raison économique instrumentale qui s'impose et réduit les problématiques humaines de sens à des questions négligeables, du moins chez les représentants officiels du système. Et dire «du moins» c'est aussi constater que des percées de sens et des alternatives semblent se profiler à l'horizon de tous les pays. Ces alternatives dessinent l'ébauche du monde que nous voulons bâtir.

Dorothee Sölle, une théologienne allemande récemment décédée, nous rappelle dans un article[29] la vieille fable du roi Midas qui demande au dieu Dionysos: «Accorde-moi que se change en or tout ce que mes mains toucheront.» Dionysos accède à sa demande et Midas repart enchanté et heureux. Il touche une pierre, et voici qu'elle se transforme en or; de même en est-il d'une branche d'arbre. Puis, affamé, il reçoit de son serviteur un plateau de fruits et d'exquises nourritures. C'est alors qu'il se rend compte de l'impossibilité pour lui de toucher la nourriture pour la manger puisqu'elle se transforme en or. Voilà bien le problème: nous ne pouvons ni manger ni boire de l'or. Nous avons besoin de plus que de l'or, ou du moins, l'or mis en commun devrait servir à nous rendre ensemble plus heureux. C'est une parabole qui nous invite à repenser à ce que nous sommes et à ce que nous voulons personnellement et collectivement dans cette vie si passagère et si fragile.

Les marchés financiers exigent de plus en plus de liberté d'action. Cette liberté est-elle la même que celle promue par la tradition humaniste? Selon les spécialistes de l'économie globalisée, la liberté est indispensable pour assurer la mobilité de l'argent et sa multiplication illimitée. Ces marchés libres ne doivent subir d'autre contrôle que celui qu'ils s'imposent eux-mêmes. Ce contrôle est cependant si grand que ces marchés prétendument libres ne le sont pas, puisque, concrètement, ceux qui jouissent d'un moindre pouvoir économique sont soumis aux magnats du système. Ici encore, c'est la réduction du sens de la liberté à l'économique qui apparaît, un économique qui est le lot d'une élite de plus en plus petite s'entourant de quelques satellites. Dans l'expression *libre échange*, le sens réel du mot «libre», promu et utilisé par l'élite économique, se limite au pouvoir que cette élite exerce, pour son profit, sur la vie des autres. C'est une liberté élitiste, dont la signification est fort éloignée de celle de la tradition humaniste qui a forgé ce mot. Au fond, ce n'est même pas une liberté. Les puissants économiquement ont usurpé le mot «liberté» à notre tradition humaniste pour le transformer en domination. Les mots ne veulent rien dire quand leur sens ne se vérifie pas dans l'expérience humaine!

L'actuel processus de globalisation de l'économie concentre le pouvoir entre les mains d'une minorité. Jamais auparavant nous n'avions vécu un tel monopole de pouvoir. Il s'agit d'un darwinisme politique, économique, social et culturel. Ceux qui n'arrivent pas à s'assimiler à ce grand pouvoir mourront sans qu'on fasse mémoire de leur mort. Doucement ou abruptement, on élimine ceux qui ne sont pas utiles au système. Dans cette situation dramatique, la grande majorité des populations du monde semblent dépourvues du droit d'affirmer leur liberté, de choisir ce qu'elles veulent vivre. Le système choisit à leur place. Il propose et impose. Il se substitue à elles sans qu'elles aient la possibilité d'exercer leur volonté personnelle. Il devient leur dieu sans qu'elles aient choisi de l'adorer.

Quelles possibilités de choix avons-nous de penser et d'agir autrement? Des efforts s'imposent aujourd'hui pour tous les groupes humains. À partir de la clameur pour la justice et la liberté, entendue de la part de plusieurs groupes, par exemple les participants aux forums sociaux internationaux, j'en énumère quelques-uns.

1) Revoir le sens du mythe du progrès. Qui détermine le chemin de ce qu'on appelle «progrès»? Est-ce que le progrès technique implique aussi un progrès en humanité, en promotion de valeurs en vue du bien commun? De même, nous devons réfléchir à la question du pouvoir. Quelles nouvelles formes d'exercice de pouvoir collectif peuvent être vécues pour miner cette sorte de pouvoir hiérarchique unique qui s'impose comme modèle pour tout le monde? Pouvons-nous pratiquer dans nos petits groupes d'autres formes d'exercice du pouvoir et faire pression sur le pouvoir impérial établi?

2) Réfléchir au développement illimité de nos capacités de compétition. L'être humain peut être compétitif jusqu'à la folie, et cela l'amène à tuer l'autre. D'où la nécessité d'équilibrer les forces nécrophiles par les forces biophiles. Un processus d'éducation pour le bien commun doit être proposé en vue de notre propre liberté. Ce processus est

le fruit d'un pacte social des divers secteurs et institutions de la société civile et politique en vue de nouveaux comportements.

3) Dépasser l'identification de la pauvreté avec le manque d'argent. Une telle identification nous fait oublier les structures fondées sur l'injustice et l'absence d'égalité de droits. Il s'agit là d'une culture, d'une compréhension de l'être humain fondée sur des hiérarchies. Le manque d'argent vécu par les pauvres n'est qu'un des aspects de l'inégalité sur laquelle cette société est fondée. Nous sommes invités à nous comprendre de façon plus holistique, plus relationnelle. D'où la nécessité de dépasser la réduction du sens de la vie à la croissance économique ainsi que le font les systèmes actuels.

4) Être attentifs à l'intérêt que des institutions économiques portent à la dimension religieuse de l'existence. Cet intérêt a été significatif en Amérique latine au temps de la théologie de la libération, au point que les organismes financiers du monde mettaient en garde les pays créanciers contre le danger de cette pensée théologique dont se méfiaient les détenteurs de capitaux étrangers. Qu'on pense, par exemple, à toutes les critiques faites par la CIA à la théologie de la libération dans les années 1970.

La Banque mondiale montre actuellement beaucoup d'intérêt pour la dimension spirituelle de la vie comme contribution au maintien du développement. À cause de cela, elle se met en contact avec divers responsables religieux pour réfléchir sur le rôle des communautés religieuses et de la spiritualité dans le développement des peuples[30]. Il faut être très vigilants quant aux pièges que recèle cet intérêt, surtout parce que la tradition sociale des Églises a toujours souligné le droit des pauvres par rapport à ceux et celles qui s'y opposent. C'est bien cette tradition que les dirigeants de l'économie mondiale veulent oublier. Par cet oubli, ils veulent nous faire croire à la possibilité de conserver ce modèle économique néfaste et d'en faire, à long terme, un paradis pour tous et toutes. Ils veulent nous faire croire que leur logique conduit au bonheur tant désiré par tout le monde.

Aux yeux des groupes qui visent un changement des relations en vue de plus de justice, ces quatre orientations, qui ne sont pas exclusives, proposent une direction acceptable pour modifier nos comportements. Les traditions religieuses peuvent se greffer sur ces orientations puisqu'elles ont toujours été fondées sur le respect des êtres humains et de tous les êtres vivants de la planète. Le rôle des philosophes et des théologiens engagés dans la lutte pour la justice sous ses multiples formes n'est pas de proposer leurs propres solutions, mais d'échanger avec les autres sur les voies qu'il est possible de tracer dans l'espace qui est le nôtre actuellement. La communauté des croyants elle-même devrait peut-être reprendre la tradition sociale et critique de l'évangile de Jésus comme source d'inspiration. Il faut réinterpréter cette source à la lumière des défis éthiques de notre temps et du contexte historique qui a produit ce texte. Ce dialogue entre l'histoire actuelle et le texte biblique est capable d'entraîner une redécouverte du sens de nos actions.

Voici, à titre d'exemple, un essai de lecture de l'évangile de Matthieu 4, 3-11: La tentation de Jésus. Il me semble que ce texte exprime bien le conflit dans lequel plusieurs d'entre nous se trouvent. Nous sommes confrontés à des pouvoirs et l'issue de cette confrontation n'est pas toujours conforme à la conclusion de Matthieu: «...le diable laissa Jésus.» Au contraire, nous sommes loin d'une telle issue, car le conflit semble être sans fin. Néanmoins, le texte est inspirateur et peut aider à mieux comprendre les exigences éthiques de notre agir quotidien.

> «Si tu es Fils de Dieu, ordonne que ces pierres deviennent des pains.» Mais il répliqua: «Il est écrit: *Ce n'est pas seulement de pain que l'homme vivra, mais de toute parole sortant de la bouche de Dieu.*» Alors le diable l'emmène à la Ville Sainte, le place sur le faîte du Temple et lui dit: «Si tu es le Fils de Dieu, jette-toi en bas, car il est écrit: *Il donnera pour toi des ordres à ses anges et ils te porteront sur leurs mains pour t'éviter de heurter du pied quelque pierre.*» Jésus lui dit: «Il est aussi écrit: *Tu ne mettras pas à l'épreuve le Seigneur ton Dieu.*» Le diable l'emmène encore sur une très haute montagne; il lui montre tous les royaumes du monde avec leur gloire et lui dit: «Tout cela je te le donnerai, si tu te prosternes et m'adores.» Alors Jésus lui dit: «Retire-toi, Satan! Car il est écrit: *Le Seigneur ton Dieu tu adoreras et c'est à lui seul que tu rendras un culte.*» Alors le diable le laisse, et voici que des anges s'approchèrent, et ils le servaient.

Comment ce texte qui, sous une forme littéraire spécifique, rapporte un dialogue imaginaire entre Jésus et le diable peut-il nous servir aujourd'hui? Ne serait-il pas l'expression d'un dualisme et même d'un manichéisme que nous voudrions dépasser? Ne serait-ce pas une histoire mythique, bonne seulement à nous bercer de nostalgie enfantine? Je ne crois pas. Je suis persuadée de l'actualité de ce texte et de sa symbolique, que j'aborde dans un sens strictement littéraire, et non comme une écriture sainte à la manière habituelle de la tradition religieuse, soulignant ainsi la pertinence pour notre temps des textes évangéliques.

Je vous propose donc d'essayer de résoudre cet apparent dualisme du dialogue entre Jésus et le diable, de l'intérieur de nous-mêmes. Il semble que Dieu et le diable soient des aspects vivants de nous-mêmes qui se confrontent ou sont en conflit. Le «nous-mêmes» dont il s'agit ici est individuel et collectif. Nous sommes confrontés à des forces contradictoires au niveau personnel et au niveau collectif, sans pouvoir éliminer totalement un des pôles au profit exclusif de l'autre. Même si, souvent, nous nous identifions soit à Dieu soit au diable, en réalité tous les deux cohabitent en nous comme des tendances constitutives de notre être.

La parole qui sort de la bouche de Dieu, comme celle qui sort de la bouche du diable, vient de nous. C'est notre cri intérieur, un cri de liberté, le cri de Jésus. Mais, c'est aussi le cri de notre narcissisme, de notre égoïsme dominateur, violent et cruel. Ces pouvoirs sont tous les deux en nous. Le diable, qu'on accuse d'être le tentateur à l'encontre de l'amour et de la justice, n'est pas une force venant seulement du dehors, comme le mauvais génie de Descartes, toujours à l'affût pour nous tromper. Il est en nous, nous incitant constamment à trahir l'autre et à l'annuler, et faisant miroiter la séduction de la cupidité pour ajouter un coude à notre mesure.

Le texte de Matthieu semble suggérer que l'autonomie de notre être ou l'autonomie de Jésus est plus importante que la promesse de transformer les pierres en pain. Mais c'est une autonomie difficile à acquérir. Elle est le fruit d'un combat intérieur qui se manifeste extérieurement dans l'histoire de nos relations. Matthieu nous dit que Jésus a engagé ce combat, dont il est sorti victorieux, au prix de sa mort. La victoire de l'un de nous signifie que tous/toutes nous pouvons y parvenir, chacun/chacune à sa manière.

La foule cherche du pain et des miracles. Jésus, quant à lui, reconnaît que, d'une part, le pain est important (voir la multiplication des pains) et que, d'autre part, la liberté par rapport à la domination susceptible de provenir de ceux qui contrôlent le pain, comme dans le texte des tentations, est importante également. Et chacun/chacune de nous sait à quel point la nécessité exerce une emprise facile sur lui/elle. Pour maintenir leur domination, ceux qui contrôlent le pain sont prêts à offrir des miettes aux pauvres et à nous offrir du pain et des jeux dans l'espoir qu'en ayant le ventre plein nous oublierons notre dignité. La nécessité oblige. Elle nous amène à vendre notre vote pour de petits bénéfices. La nécessité nous conduit à offrir de scandaleux pots-de-vin pour maintenir des privilèges. La privation du nécessaire entraîne la corruption à tous les niveaux de l'échelle sociale. Cependant, il faut aussi porter un jugement critique sur ce qu'on appelle le nécessaire, puisque les nécessités sont multiples et elles ne sont pas évaluées de manière identique par tout le monde.

Le piège tendu par le système capitaliste actuel consiste à nous faire croire en la capacité de sa parole de transformer les pierres en pain. Il croit à sa parole comme le diable à la sienne. Comme le diable, il ne travaille pas effectivement à produire du pain mais ne fait que miroiter la perspective de changer les pierres en pains par sa seule parole. C'est une parole qui n'effectue pas de réelle transformation et qui ne fait que jouer avec la vie des autres. Elle est un piège tendu à la liberté. Seule la parole de vérité transforme, et la parole de vérité est celle qui agit sur ce qui est, sur les conditions objectives vécues par des groupes humains concrets. Du pain réel, on le partage. Des poissons réels, on les partage. De la terre réelle, on la partage et on lui permet de produire pour tous et toutes. Du savoir réel, on le partage. La parole magique, au contraire, n'a aucune consistance, elle ne peut pas transformer de façon réelle la vie des gens. Elle produit les illusions et l'aliénation de soi-même. La parole fondée sur des promesses d'un futur de bonheur bâti sur le sang des autres n'apporte pas le bon pain pour aujourd'hui. C'est pourquoi il faut refuser ce pain, un pain qui vient des cœurs de pierre. Il nous faut du pain qui vient du cœur humain, du cœur de chair, un pain capable de nourrir et d'être partagé pour apaiser la faim et nous rassasier tous et toutes. C'est dans ce sens que, chacun et chacune, nous sommes pain, nourriture pour l'autre. Ce pain est la «parole sortant de la bouche de Dieu», c'est-à-dire sortant de notre propre vérité. Ce pain est le seul capable de nous faire vivre. Quand nous faisons du désir de ce pain une orientation éthique pour nos comportements, nous ne nions pas que le but soit difficile à atteindre, mais au moins nous le définissons clairement.

Ensuite le diable transporte Jésus sur le pinacle du Temple et lui dit: «Jette-toi en bas et les anges te porteront.» La voix qui ordonne vient du dehors et du pinacle du Temple. Elle est complice du manque de pain réel. Cette voix qui propose un spectacle de magie, ne pourra jamais garantir la vie des gens. Si on l'écoute, on tombera du pinacle du Temple, on sera détruit, même si elle prétend le contraire et nous rassure en affirmant que rien de mal ne nous arrivera. Cette voix est celle du pouvoir facile qui nous est proposé et qui, par un acte de magie, nous mettrait à son service. Refuser ce pouvoir qu'on voudrait nous imposer signifie refuser d'adorer ceux qui peuvent l'accorder et refuser de faire leur volonté. C'est ainsi qu'agit le diable avec Jésus quand il l'emmène sur la plus haute montagne et lui propose tous les royaumes du monde à condition de l'adorer. Adorer le diable c'est adorer des idoles, des richesses capables de faire de nous des esclaves. Il suffit de nous mettre à genoux, c'est-à-dire d'accepter les maîtres qui s'imposent à nous. Alors là, il faut ordonner avec véhémence: Retire-toi, Satan! Après cela, le diable le laissa. Comment les diables pourront-ils nous laisser? Je crois bien qu'ils ne nous laissent pas, mais notre vigilance les rend moins audacieux et ils s'endorment un peu au réveil de notre liberté et de notre action effective pour la justice.

Ce même texte peut être interprété par la droite politique et économique, celle qui soutient, par exemple, l'impérialisme politique et économique des États-Unis aujourd'hui. Ses représentants peuvent utiliser le même texte pour affirmer leur lutte contre Satan. Mais, c'est le

Satan de leur propre idéologie! Ils arrivent à faire croire aux gens qu'ils sont des artisans de paix en faisant la guerre contre ce qu'ils appellent le terrorisme. Comment discerner les multiples interprétations du texte biblique? L'usage du texte biblique s'accorde toujours avec l'intérêt de ceux et celles qui l'interprètent. D'où l'importance de nous situer, d'identifier nos choix de société, de préciser comment la tradition de Jésus nous touche et comment nous l'interprétons. Les interprétations sont plurielles et elles sont toujours conflictuelles. Les interprétations dépendent de notre regard, de notre cœur, de la place que nous occupons dans les jeux politiques du monde, et partant, de nos choix de vie.

Selon l'interprétation que je vous propose, le ressuscité, celui qui a été crucifié, est ressuscité d'abord parce qu'il n'a pas accordé foi aux pouvoirs qui se sont présentés comme des sauveurs du monde. Il a cru en lui-même, en son Dieu, il a reconnu la présence en lui de plus que lui et il a refusé les pouvoirs par lesquels on a essayé de le tenter. Le ressuscité a cru au pouvoir de l'amitié, au pouvoir des frères et sœurs les plus délaissés, pour changer le monde. Ensemble, le pouvoir politique et le pouvoir religieux — le Temple et l'Empire — sont capables de tuer tout en faisant croire aux gens qu'ils veulent la vie. Mais ensemble, nous pouvons témoigner notre résistance de différentes manières et exprimer notre volonté de dire NON à leur domination.

Le texte de Matthieu reprend la vieille querelle entre Dieu et le diable, comme une histoire ou une dispute plus ou moins connue des juifs. À partir de là, il essaye d'aider les gens à identifier les puissances qui s'emparent de nous. Les puissances qui ont de l'éclat, celles qui peuvent être extérieurement reconnues sont celles qui séduisent le plus. Les puissances qui jaillissent du plus intime de nous-mêmes semblent n'avoir pas d'éclat, être faibles par rapport à celles des empires et des religions institutionnalisées. À première vue, elles ne nous donnent pas d'assurance parce qu'elles sont à notre propre image. D'où l'importance de nous éduquer à écouter notre voix intérieure. Cette écoute a une dimension politique dans la mesure où elle nous aide à reconnaître les pouvoirs érigés sur les faux biens, les pains transformés en pierres, les branches d'arbre transformées en or. Le politique et la solidarité à l'intérieur de nous-mêmes nous invitent à croire au vrai pain, celui préparé à partir de vrai blé, celui pétri par l'effort de tous, le seul capable d'assouvir notre faim.

Nous pourrons alors nous demander à nouveau: comment cela est-il possible? Et la réponse: il faut commencer à vivre ces valeurs à petite échelle. Il faut répandre cette bonne nouvelle à chaque génération. Et la bonne nouvelle est que le royaume de la liberté vit en nous et peut être trouvé dans le cœur de chaque être humain qui s'ouvre à la recherche de ce don à partir de lui-même et en relation avec les autres. Il semble que seul ce chemin, avec toutes les incertitudes qui l'enveloppent, soit capable de faire un peu de lumière dans les ténèbres qui nous entourent.

La sagesse du christianisme, comme toute autre sagesse, ne nous fournit pas un programme d'action mais une inspiration, un souffle, une direction, une envie de vivre le monde autrement que dominés par des systèmes nocifs qui, tout en venant de nous, sont capables de nous tuer. Le retour aux sagesses anciennes, de même que l'invention des nouvelles, n'est pas une affaire facile. Il n'est pas suffisant de reprendre simplement les textes pour les appliquer à notre vie. En même temps, il faut faire un travail éducatif, politique et éthique. C'est la proximité des douleurs d'autrui, c'est la reconnaissance de ses douleurs comme nôtres, c'est le désir d'un bonheur commun, c'est la reconnaissance de la valeur de toute vie, qui nous préparent à lire les sagesses anciennes comme des révélations pour nous, comme une inspiration pour nos actions d'aujourd'hui. L'effort pour comprendre la sagesse du passé est en même temps un effort pour comprendre notre temps à partir des plus pauvres, des plus délaissés, de ceux et celles qui ont faim de pain, de vin et d'amour. Voilà le message central des grandes sagesses qui nous ont précédés et que, d'une certaine façon, nous voulons continuer. Je suis persuadée qu'elles ont un rôle à jouer dans la critique de la société globale dans laquelle nous vivons. Mais leur récupération implique d'abord un processus personnel et collectif pour retrouver le sens de la vie humaine, de toute vie humaine et de toute vie sur la planète. Et pour cela, il faut commencer à essayer de vivre nos valeurs avec nos proches, c'est-à-dire à la maison, à l'école, au travail, au quartier, au village. Il faut goûter à nos valeurs, même si ce n'est qu'en apéritif, à leur possibilité de vie, en les vivant dans nos relations quotidiennes. C'est ce défi qui, à mon sens, rendra possible un changement qualitatif de nos relations et nous aidera à subordonner les institutions économiques et autres au bonheur humain. En effet, le samedi a été fait pour nous et non pas nous pour le samedi; les lois ont été créées pour favoriser notre bonheur commun et non pas pour nous rendre malheureux/malheureuses. La victoire sur les diverses formes d'autoritarisme, d'aliénation et d'esclavage n'est pas donnée une fois pour toutes. Nous la possédons de façon fragile pour un temps et nous la perdons à d'autres périodes de l'Histoire, même si nous nous rendons compte qu'en tout temps, il y a des groupes ou des personnes qui nous rappellent l'importance de notre quête de liberté. Cette quête, nous l'avons répété maintes fois, n'est pas une idée; elle est faite de pratiques quotidiennes qui permettent le développement de chaque personne insérée dans sa collectivité. Cette quête est un choix à faire et à refaire par chaque individu qui se sent appelé à aimer le monde avec tous les êtres qui en font partie, parce que ce monde est notre corps et notre habitation, ce monde est notre terre et notre ciel.

Notes

[29] Dorothee Sölle, «El nuevo orden mundial y el *homo œconomicus*», dans *Resistencia y Solidaridad, Globalización capitalista y solidaridad*, Madrid, Trotta, 2003, p. 159.

[30] Voir à ce propos: *No nos dejes caer en tentación - respuesta de las iglesias a las políticas de las instituciones financieras internationales*, Consejo mundial de Iglesias, Ginebra, 2002.

TABLE DES MATIÈRES

Collection

NOTRE TEMPS

24. LE CORTÈGE DES FOUS DE DIEU, *Richard Bergeron*
30. PIERRE TEILHARD DE CHARDIN: LA VICTOIRE SUR LE «NON-SENS», *En collaboration*
32. DES MORALES, *Éric Volant*
34. LES VOILIERS DU CRÉPUSCULE, *Claude Labrecque*
40. LE TRAVAIL EN QUÊTE DE SENS, *Jean-Guy Tremblay*
41. NICOLAS BERDIAEFF, *Robert Clavet*
42. SUR LA PISTE DES DIEUX, *André Couture*
43. ÉLOGE DE L'ÉDUCATION, *Bruno Hébert*
44. POURQUOI DIEU NOUS FAIT-IL SOUFFRIR?, *Peter Kreeft*
45. PENSÉE SOCIALE CHRÉTIENNE ET DROITS DES ABORIGÈNES, *Michael Stogre*
47. ENVIRONNEMENT ET CRÉATIVITÉ, *Marc Saint-Laurent*
48. UNE RELIGION AMÉRICAINE, *Claude Labrecque*
49. LES OUVRIÈRES DE L'ÉGLISE, *Marie-Andrée Roy*
50. VIVRE AU RISQUE DES NOUVELLES RELIGIONS, *Richard Bergeron*
51. LA MORALE ENTRE HÉRITAGE ET NOUVEAUTÉ, *André Beauchamp*
52. LE NECTAR ET LE POISON, *Pierre Pelletier*
53. L'ISLÂM: LES VALEURS COMMUNES AU JUDÉO-CHRISTIANISME, *Diane Steigerwald*
54. LA SANTÉ AU SECOURS DE LA FOI, *Édouard-Charles Lebeau*
55. MOUVEMENTS DU CROIRE, *François Nault et Jacques Julien*
56. RENÉ HABACHI: Les monothéismes et la paix, *Chantal Hoss*
57. COURANTS D'IDÉES EN ISLAM, *Albert Nader*
58. DIRE L'IMPENSABLE, L'AUTRE, *François Nault et Anne Fortin (dir.)*
59. FRAGILE LIBERTÉ, *Ivone Gebara*

AGMV Marquis
MEMBRE DE SCABRINI MEDIA
Québec, Canada
2005